代表制民主主義はなぜ失敗したのか

a pilot of wisdom

はじめに

　この国はいま、どんな状態にあるのだろうか。まず思い浮かぶのは、労働の不安定化による生活の安全の破壊、格差問題という名で偽装された貧困化、ポスト工業化社会に不適合となった社会保障制度の持続不可能性など、「社会問題」が噴出していることだ。

　この現状をさらに深刻にしているのは、近年、そうした「社会問題」が隠しがたいものとなっているにもかかわらず、政治が長期的な視野に立った抜本的な解決策を実施することはおろか、構想さえできていないことだ。コロナ禍は改めてこのことを確信させてくれた。

　思い起こせば、第二次安倍政権はこうした日本の象徴であった。この政権は、近年の他の政権と比較して「社会問題」に効果的に対処し、長く停滞した時代を終わらせる上でいくつもの好条件を備えていた。憲政史上最長の政権だったという点、衆参のねじれもなく安定した政権運営が可能であったという点、そして首相のトップダウン型政策決定ができるよう内閣機能の強化がなされていたという点だ。これほどの好条件を揃《そろ》えた政権はまず記憶にない。

　しかし、実情は「社会問題」を解決するには程遠く、コロナ禍の最中に自ら退陣する道を選択した。それればかりか、好条件が裏目となって、第二次安倍政権の下で政治権力の私物化という事態が進行した。こうして、この国の政治は私たちの生活を脅かすリスクになりつつあるように見える。

そんな政治をこのまま見て見ぬふりして放置し続けるのか、少しずつでも地道な改革をしていくのか、それとも、こんな政治のやり方はきっぱり止《や》めにして、全く違うものに取り換えてしまうのか。私たちの未来は、私たちがそれらのどれを選択するかにかかってくる。しかし、いずれを選択するにしても、この国の政治がどのような原理や制度に基づいて行われてきたのかを、まず確認しておく必要があるだろう。

日本の政治は、民主主義、より正確には、選挙と政党を基盤にした代表制度の下での民主主義によって運営されている。一般にこれを代表制民主主義と呼ぶ。代表制民主主義について、統治の基本原則を記した現行の日本国憲法ではこう規定されている。

「そもそも国政は、国民の厳粛な信託によるものであつて、その権威は国民に由来し、その権力は国民の代表者がこれを行使し、その福利は国民がこれを享受する」と。

厳かでありながらも、一見、平易な一文だ。しかし、日本国憲法に結実した代表制民主主義の定義の真意は、字面をなぞるだけでは、把握することはできない。民主主義と代表制度は、元来どのような関係にあったのか、いかなる経緯でそれらは結合し、代表制民主主義が誕生したのか、代表制民主主義がよく機能する条件とは何か、そうした条件が喪失され、代表制度が機能不全となった場合、民主主義はどうなるのか。これらの問いに正面から向き合ったとき、代表制民主主義に対する確かな理解を得ることができる。その上で、この国の政治に対して私たちがどのような選択をすべきなのかについて、より良い判断ができるようになるだろう。

本書では、代表制民主主義とは何かを説明すると同時に、現在、それが小手先の手当てではどうにもならないほどの機能不全に陥っていることを明らかにする。さらに、現代に適した形で代表制民主主義を復活させる抜本的な改革の方向性も提示する。そのために、代表制民主主義の仕組みを解体し、さらに再構築していく。

具体的にはまず、日本を含めた民主主義諸国の苦境の原因を究明する。そこから、民主主義の本来の理念や目的は何であったのか、近代に復活する代表制度の下での民主主義とはいかなるものであったのかについて検討する。このために、民主主義の理念を明確にした上で、民主主義とはそもそも無縁であった代表制度が近代以降、その理念を実現する手段として導入された経緯を明らかにする。さらに、代表制度が民主主義の制度として機能するための条件を検討し、その条件が消失してしまったがゆえに、代表制度が民主主義の制度として機能しなくなっていること、そしてここに現代の民主主義諸国の行き詰まりの根本的な原因があることを指摘する。最後に、現代において民主主義の理念に奉仕するような代表制度の改革案を考察する。こうした大筋は、以下の章立てで詳述される。

第一章では、民主主義諸国の現状から出発する。日本に限らず、現代の民主主義諸国はもはや破綻寸前だ。《私物化》をキーワードとすることでこの苦境を解明する。現代の私物化は、二つの領域で進行している。それが、社会の私物化と政治の私物化だ。

この章では、社会の私物化にフォーカスする。他人の意思の下に置かれることなく自由な状態で生きていくために共有せざるをえないもの——例えば、空気や水などの自然、道路や公園などの社会インフラ、医療や教育をはじめとする公的制度——が新自由主義によって私物化されている。新自由主義による、社会という共有のものの私物化。これが民主主義諸国の苦境の一因に他ならない。

第二章では、政治の私物化が主題となる。政治の私物化とは何か。それは、本来なら社会の私物化を防ぎ、支配と服従の関係を排除するために存在している、共有のものとしての政治（権力）の私物化を意味する。この事態が現代の民主主義諸国で起きている。政治の私物化の行き着く先は、専制政治である。とするなら、現代の民主主義諸国は専制の脅威に晒《さら》されていることになる。

この章の議論はそれだけではない。専制の脅威の中で民主主義はいま、全体主義との壮絶な戦いを演じた一九四五年以来の最大の危機を迎えつつある。その危機とは、台頭する超大国中国の統治モデルと民主主義との競争から生ずる。このモデルは、政治的メリトクラシー――本書では、選挙ではなく、能力と経験本位の選抜を勝ち抜いた政治エリートによる支配を意味する――によって、自由を制約しながらも治安と豊かさを人びとに提供しようとする。民主主義が統治をめぐる中国とのこの競争に勝利できる保証はどこにもない。むしろ、今後多くの民主主義国に暮らす人びとが中国モデルに誘惑され、公然と支持を表明する可能性さえある。第二章では、その理由についても分析する。

第三章では、民主主義は元来、何を目指していたのか、いかなる目的で生まれたのかを問う。つまり、民主主義の理念とはどのようなものかをはっきりさせる。民主主義を多数決や選挙と同一視する人はいまだに多い。それでは、民主主義について十分に理解しているとはいえない。確かに、現在、代表制民主主義を運用していく際、代表者を選ぶために選挙が行われ、何らかの意思決定を策定すべく多数決が行われる。しかし、だからといって、選挙や多数決が民主主義それ自体であるということにはならない。それらは民主主義が目指す理念を実現するための手段でしかない。その手段は選挙や多数決以外にも存在する。だから、手段と目的の区別を明確にするためにも、民主主義とは何かについてまず問わねばならない。そこで、古代の民主主義および近代の民主主義の双方を、歴史的あるいは理論的な視座から考察する。そこから得られる民主主義の理念こそ、反専制としての民主主義なのである。

第四章では、代表制民主主義とは元来、どのようなものであったのかについて議論する。そのために、代表制度の起源と歴史について理論的視座から検討する。出発点は、代表制度が、民主主義とそもそも無関係な制度であったという事実だ。現在の一般的な民主主義に対する理解からすれば、これは驚愕《きょうがく》すべきものに違いない。実のところ、一八世紀に復活する民主主義は、反専制という古《いにしえ》からの理念を大規模化した国民国家において実現するために代表制度と接合させられた。ここに代表制民主主義が誕生するわけであるが、本書では一級の政治思想のテキストを参照することでその始まりを確認する。その後の発展において、代表制民主主義は、工業化社会の完成とともに黄金期を迎えることになる。二〇世紀中頃における黄金期の社会的・経済的・文化的条件が何であったのか、その条件の下で、代表制度がどのように機能したのかを論じる。

第五章では、代表制度の機能不全がどのようなものであるのか、その原因がどこにあるのかを明らかにする。一九七〇年代以降、多くの民主主義国はポスト工業化の時代に突入していくが、その過程で代表制民主主義の黄金期を可能にした諸条件が徐々に消失していく。それに伴い、代表制度が民主主義の制度として想定された機能を果たすことができなくなっていく。代表制度の機能不全の結果が民主主義のポピュリズム化である。そこで、グローバルに進行している現代民主主義のポピュリズム化に焦点を当て、その原因を代表制度の機能不全から考察する。トランプ前大統領に代表されるポピュリストの下で、元来は専制政治に対抗するための砦《とりで》であった民主主義は私物化され、支配のための道具となり果てつつあることを論じる。

第六章では、最後に残された課題、「それではどうしたらよいのか」について検討する。まず確認すべき前提は、現行の代表制度を批判的に検討したからといって、「毎日国民投票」をすればよいというような直接民主主義を称揚することにはならないということだ。途方もない努力の末に作り上げられた代表制度という遺産を放棄することは賢明でも、また可能でもない。それに、熟議の機会を欠いた現行の国民投票のやり方には、多くのエリートたちが危惧するリスク――衆愚政治のリスク――がないともいえない。これが本書の基本的な立場だ。そこから、代表制度を現代の条件に合わせてどう改革していくのかを検討する。具体的には、熟議と参加をベースにした民主主義のイノベーションの実例に焦点を当てる。

何とありきたりなことをと思われるかもしれない。しかし、そうするのは、「話し合いをしましょう」とか、「選挙だけでなくデモにも行きましょう」などとお説教を垂れるためではない。その実例には、政治権力を民主的にコントロールするための、新たなアイデアと工夫が存在するからだ。さらに、新しい時代の代表制民主主義を支える市民を創出する可能性があるからであり、新自由主義によって荒廃させられた共有のものを新たに想像＝創造する可能性があるからに他ならない。

現代の多くの民主主義国で見られる政治の破綻と、それに乗じて民主主義のオルタナティブとしての存在感を強めつつある中国の統治モデル。現代の民主主義が直面するこの危機を少しでも危惧するのなら、代表制度の過去を振り返り、現在を診断し、未来を構想することはもはや義務といっていい。とはいえ、それは決して暗くて空《むな》しい義務ではないだろう。これまで、私たちの生活を支えるさまざまな制度の多くが、試行錯誤を経ながらも時代の変化に適応し、より望ましい形に進化してきた。代表制度もその例に漏れることはないはずだからだ。そして、何より、代表制度の新たな進化を構想することは、閉塞感よりも開放感が、絶望よりも希望が伴うはずだからだ。

目次

私物化による自由の喪失と社会の分断

第二章　民主主義諸国における政治の私物化とその先

第一章　民主主義諸国における社会の私物化

第二次世界大戦後の民主主義を牽引《けんいん》してきたアメリカやヨーロッパの民主主義国の多くがいま、苦境にあることはもはや隠しようがない事実であろう。それらの国々では、社会は分断され、人びとの間に敵対的な対立がくすぶり続けている。それはしばしば、ポピュリズムという言葉を使って説明されたりもする。実はこの苦境は、《私物化》の問題と深く関わる。

確かに、トランプ前大統領の再選をめぐっての支持者の議会乱入など、こうした苦境を物語るエピソードには事欠かない。世界の多くの地域で、民主主義の未来に対する不安や疑念が、これほど高まった時期は過去の歴史を見てもなかなかない。

とはいえ、それがなぜ私物化と関係するのか。

元来、民主主義は私たちの自由に欠かせない共有のものを私物化から守ることで、専制政治に対抗しようとしてきた。ところが、現代の代表制度の下での民主主義は、その機能を果たすことができなくなっている。現在の民主主義諸国の苦境は、この機能不全から、したがって現在の民主主義のあり方から生じている。その結果、私たちは専制政治への道を知らぬ間に歩み始めている。

少々大げさに聞こえるかもしれないが、大真面目な話なのだ。そこで、現代の民主主義諸国の苦境について詳しく検討することから始めよう。そのためには、何より私物化とはどういうことかを掘り下げて議論する必要がある。私物化の問題を考えるには、ジャン＝ジャック・ルソーの『人間不平等起原論』が大いに役に立つ。このテキストは、私物化とはいったい何なのか、それがなぜ問題なのかを教えてくれるからだ。

一　私物化から支配へ――自由はどのように失われるのか

ルソーの『人間不平等起原論』

『人間不平等起原論』は、歴史を突き動かす原動力を解明しようとした歴史哲学の古典として知られている。それは、合理的な思考が人類とその文明を進歩させるという啓蒙《けいもう》主義の理性崇拝に対して鉄槌《てっつい》を下したテキストでもある。

『人間不平等起原論』は、いまから二五〇年以上も前に書かれている。だから、そこに書かれていることすべてに説得力があるとはいいがたい。しかし、現代の私たちが自明視している通念を打ち破ってくれるアイデアや視点が数多く存在する。だからこそ、『人間不平等起原論』は古典の名著なのだ。その一つが、共有のものと私物化そして自由に関する議論である。

ルソーによれば、歴史は自然状態を人間たちが止まれぬ事情で脱したことに始まる。そこから、不平等な社会が誕生し、混乱と惨禍の中で専制政治が徐々に頭をもたげ、最終的にはむき出しの暴力が支配する新たな自然状態に行き着く。つまり、人類の歴史とは堕落と腐敗の道程だ。この歴史を開始させた瞬間が次のように劇的に描かれている。あまりに有名な一節ではあるが、引用しておこう。

ある土地に囲いをして「これはおれのものだ」と宣言することを思いつき、それをそのまま信ずるほどおめでたい人々を見つけた最初の者が、政治社会〔国家〕の真の創立者であった。杭を引き抜きあるいは溝を埋めながら、「こんないかさま師の言うことなんか聞かないように気をつけろ。果実は万人のものであり、土地はだれのものでもないことを忘れるなら、それこそ君たちの身の破滅だぞ！」とその同胞たちにむかって叫んだ者がかりにあったとしたら、その人は、いかに多くの犯罪と戦争と殺人とを、またいかに多くの悲惨と恐怖とを人類に免れさせてやれたことであろう？（ルソー一九七二）

ルソーによれば、本来平等で自由であったはずの人間たちの間に不平等が生まれ、自由が喪失されていく歴史の端緒は、すべての人間たちの共有のものを私有——ルソーはこれを propriété と呼ぶ——することによって開かれる。

自然状態の人間は、生存のためのすべてを与えてくれる自然の中で、孤独に生きていた。そこでは、穏やかな情念と限られた欲望に従って自由、健康、善良、幸福に生きていた。自分自身と誰のものでもない自然にのみ依存し、他人に依存することもその意思の下に置かれることもないがゆえに、自由で健康で善良で幸福でいられたのだ。そんな原始の人間たちも、徐々に集合し定住して家族を作り、さらには社会を形成していく。その結果、他人なしには生きていけなくなる。そこに「冶金と農業」の技術が発明されると、共有のものであった土地とそこに実る果実が農具を用いた労働をとおして私有の対象となる。当然、より良くそして効率的に労働する者がいる以上、人間たちの生活に格差が発生する。ここに不平等が生まれたのである。

実は、この『人間不平等起原論』、タイトルとは異なり、不平等の起源を説明するだけで終わらない。不平等の起源が明らかにされるや否や、それが人間と社会に与えた影響が述べられるのだ。

ルソーによれば、不平等によって人間たちの間に利害の対立が生まれ、貧者は富者に従属するようになる。さらにそれが深刻化すると、社会は各人の生存をかけた闘争、すなわち戦争状態へと移行する。国家を誕生させた直接の原因は、この戦争状態に他ならない。つまり、万人の万人に対する闘争を終わらせるために人間たちが契約を結び、為政者の職を設ける必要が生じたというわけだ。

国家という政治制度は殺戮《さつりく》からの安全を求める人間たちの必要によって作られた。ところが、その国家によって、私有は永久に固定化され、社会の不平等は法によって正当化されてしまう。さらに、私有における不平等は政治における不平等にやすやすと転化されるため、人間たちの間に不信と憎悪がますます堆積することになる。これらの不信と憎悪によって分断され、無秩序となった社会から力にものをいわす僭主《せんしゅ》が姿を現す。そこでは、僭主一人が主人であり、残りのすべての人間たちは奴隷となる。こうして、自由な者として生まれた人間は、最初は社会において、次いで政治において、「人間と人間との関係において、起りうる最悪の事態」に陥るのである。それこそ、「一方が他方の意のままになっている」事態、すなわち支配の事態に他ならない。共有のものの私有から始まった人間の歴史は、持つ者と持たざる者との分断を経て、僭主の絶対的な支配の下での人間たちの総奴隷化という、ある種の平等の復活によって閉じられることになる。

自由・共有のもの・私物化

ここで紹介した『人間不平等起原論』は本書の議論の出発点として、きわめて示唆的である。このテキストから、私物化と自由そして共有のものとの関係を明確にすることができる。

まず注目したいのは、『人間不平等起原論』でルソーは、所有こそ個々人の自由の基礎であるとする、現在では自明視されるような自由の理解に異議を唱えている。少し難しくいえば、古典的な自由主義における自由の理解を拒絶しているのだ。彼によれば、自由とは、他人の意思の下に置かれることのない状態を意味する。人びとがそのような意味で自由でいられるのは、自然という誰のものでもないもの、言い換えれば、共有のもののおかげなのだ。

現代の私たちの生活を見ても、これは取り立てて特異な発想ではないだろう。例えば、ランニング。私たちが好きなときに、好きなコースを、他人や自分に危険が及ばない程度の好みのスピードで走る自由を享受しているのは、私たちが走る道が共有のもの、すなわち公道であるからだ。さらに、走る自由は、私たちが自由に必要な量の酸素を摂取できることにも依拠しているが、呼吸の自由は、何より空気が共有のものだから許される。

むしろ、共有のものが特定の誰かのものとして私物化されるとき、自由の失われる可能性が出てくる。というのは、誰もが必要とするものが誰かによって私有されることなく、誰もが必要に応じて利用できるとき、他人の意思の下に置かれることはないからだ。翻って言えば、誰かが所有しているものに依存せねば生きていけないとき、その人は所有者の意思の下に置かれることになるからだ。先のランニングの例を引き合いに出せば、道が誰かによって所有されることになれば、走るためには所有者の許可が必要となる。その許可が所有者の意思による以上、走るという行為の選択に際して、私たちは自分以外の他人の意思に依存することになる。呼吸の自由も同様だ。

他人の意思の下に置かれることは、人間間の関係において、起こりうる最悪の事態だとルソーはいう。なぜなら、これは結局、隷属状態に他ならないからだ。ルソーが一貫して信じているように、人間は自らの唯一の主人としてこの世界に生まれた。そうだとすれば、他人への隷属状態とは、人間の本来的なあり方が否定される、疎外された状態だといえる。だからルソーは、共有のものの私物化による所有とそこから生じる不平等を厳しく批判するのだ。彼によれば、すべての人間の共有物を私物化することこそ、自由を妨げる根源的な障害となるのである。

本書における民主主義の考察は、ルソーが提示した、自由・共有のもの・私物化の関係についてのこうした理解から出発する。すなわち、自由とは、人が他人の意思の下に置かれることのない状態を意味する。他人の意思の下に置かれることを支配とするなら、自由とは支配されない状態ともいえる。人がそのように理解された自由でありえるのは、共有のものが存在するからである。したがって、共有のものが私物化されるとき、それに依拠して生きてきた人は、その所有者の意思の下に置かれることになり、自由を喪失するという理解である。

二つの共有のもの

自由と私物化の関係がこのように規定できるとするなら、次に問われるべきは「共有されるべきものとはいったい何なのか」ということだ。

というのも、私物化や所有それ自体に問題があるわけではないからだ。むしろ、それらには重要な役割があるとさえいえる。例えば、アレントやハーバマスらがいうように、公共的な領域での自由な活動は、私的な所有物によって間接的に支えられていることもまた確かだ。個人の所有物から構成される私的領域は公的領域のインフラとなっている。このことは、古代アテナイのポリス（公的領域）で行われた民主主義が、オイコス（私的領域）での生命維持に不可欠な再生産活動に支えられていたという教科書的な理解からだけでも、納得できるだろう。単純化していえば、政治のような公的領域での活動は、私的領域の所有から提供される衣食住があってはじめて可能となるということだ。とすれば、私物化による所有そのものが問題ではなく、共有されるべきものの私物化が問題となるはずである。

『人間不平等起原論』において想定されている共有のものは、はっきりしている。それは、自然であり、土地である。しかし、共有のものはそれだけではない。

ルソーによれば、政治制度も共有のものだ。例えば、後に書かれる『社会契約論』のみならず、『人間不平等起原論』においてすでに、国家は共有のものである限り正統であって、僭主のような個人あるいは集団によって私物化されるなら、もはやそれはたんなる専制国家に過ぎないと彼は考えている。

それはともかく、このテキストから、便宜上、共有のものは二つの視点から検討できることが分かる。一つが、日々の生活——物質的・精神的な意味での——を維持するのに不可欠な共有のもの。これは、ルソーによれば「自然」に当たる。もう一つが、個人の努力では日々の生活がうまくいかない場合、集合的かつ強制的な解決を図る制度としての共有のものである。これは、ルソーによれば「国家」ないし「政治権力」となる。

とはいえ、何が共有されるべきもので、何が私物化されるべきものであるかは、人びとが暮らす時代や社会、そこでの支配的な文化によって異なることも考慮せねばならない。ここから私的所有を前提にして、自由主義的な価値を受容した現代の私たちの社会――《個人の尊厳》を憲法の根源的な価値とするような社会――において、共有されるべきものが何なのかを検討する必要が出てくる。

本章および次章では、現代の民主主義諸国における共有のものの私物化の問題にこれらの二つの視点からアプローチする。その際、論点となるのが、「新自由主義による社会の私物化」と「代表者による政治の私物化」である。

二　新自由主義と社会の私物化

現在の私たちの暮らしは個人の所有によって基礎づけられている。所有（権）の擁護者として有名なジョン・ロックによれば、労働による獲得物は無駄にされることさえなければ、正当な所有権の対象となる。このような考えに対して、所有的個人主義と呼ぶか、素朴に古典的自由主義と呼ぶか、あるいはもっと別な呼び方をするかについてはさまざまな意見があろう。だが、いずれにせよ、近代社会がその出発点から私的所有を土台として発展してきたことは疑いようのない事実だ。

とはいえ、ルソーが教えてくれるように、共有のものは、私たちが自由であるためになくてはならない。そうだとするなら、問題は、何をどこまで所有してよいかだ。言い換えれば、個人によって所有されるべきでない共有のものとは何か、ということだ。この問いかけは、これまでの議論で使用してきた私物化という言葉の意味をより的確に定めてくれる。すなわち、私物化とは、個人のものとされるべきではないものの所有、あるいは、共有されるべきものの専有を意味する。そして、この私物化の帰結は、支配と服従の関係の産出であり、他人の意思の下に置かれることによる自由の喪失である。

では、現代に特有の私物化の問題とは何か。現在、共有されるべきものの専有はどのように進行しているのだろうか。そしてその結果、私たちはどのような自由を失いつつあるのか。それを理解するには、新自由主義による社会の私物化について考える必要がある。共有のものとしての《社会》こそ、一九世紀以降民主化していく国々の人びとが初めて手にする自由、すなわち社会的自由を可能にしたからだ。

共有のものとしての《社会》

ルソーによれば、自然状態に暮らす孤独な人びとにとって共有のものは、自然であった。もちろん、現在でも水や空気などの自然は共有のものと見なされることがしばしばある。その一方、一九世紀以降、工業化が進展していったヨーロッパ諸国やアメリカでは、次第に共有のものについての新しい理解が誕生し、徐々に広まっていった。すなわち、共有のものとしての《社会》という理解だ。そして、その中で人びとが手にしたのが、いわゆる社会権であり、それが保障する社会的な自由であった。

このような意味での《社会》の輪郭をつかむには、新自由主義を代表する英国の政治家マーガレット・サッチャーの「社会などというものは存在しない」という最近、再び注目された言葉が手掛かりになる。

彼女は続けてこう発言している。「存在するのは、個々の男性と女性、そして家族です」。この言葉の裏を返せば、サッチャーが批判している社会とは、個々人や家族のたんなる集合としての社会ではないということになる。人の寄せ集め以上の何かとしての《社会》。これこそ、一九世紀から第二次世界大戦後を経て一九七〇年代に至るまで、行政や慈善団体、法律家や研究者たちの関心と介入の的となり、マスコミや知識人たちが話題にした社会であった。そして、「社会的なもの」として概念化されたこの社会を、サッチャーら新自由主義者は攻撃し、否定しようとしてきたのだ。

そのような《社会》とは何か。ひとまずそれは、一定の領域内で見知らぬ人びとが家族やコミュニティを越えて、しかも意図せざるうちに取り込まれている相互依存の関係として規定できるだろう。

とはいえ、それは、歴史を超えて存在する事実ないし実体というよりは、さまざまなやり方で発見されたり構築されたりすることで触知可能となる関係性であった。《社会》とは、社会学において発見された統計上の「現実」であった。そこでは人間の集団に応用された統計学が示す自殺率や犯罪の発生率、罹患《りかん》率などによって、人びとの間に存在する目に見えぬ相互の関係性が可視化された。

また《社会》とは、工業化と都市化の進展の中で人びとを統治する際の介入と管理の標的となる「問題」の核心でもあった。それは、犯罪者にせよ困窮者にせよ、アルコールに依存する労働者にせよ、育児を放棄する親にせよ、それらの人びとの置かれた人間関係が原因となっているからであった。

他方で《社会》は、到来しつつあった革命の危機に対する一つの「解決」でもあった。というのも、見知らぬ人びととの間の相互依存関係を基盤にして、生活の安全を守るさまざまな取り組み、例えば、貧困や病、老齢、失業などのリスクから人びとを保護する社会保険や、個々人の生活に直接介入し規律化を行う社会福祉事業が制度化されていったからだ。

相互依存関係としての《社会》は一九世紀から二〇世紀にかけて、このような形で理解可能で経験可能なものとなっていく。工業化が進展していった時代、多くの人びとは労働者として《社会》を実際に経験した。それゆえ、生命の再生産のための労働は相互依存関係を実感する根源的な活動となっていったのである。

そうした中、相互依存関係としての《社会》は何らかの個人の私的所有の対象ではなく、共有のもの、あるいは、少なくとも共有のものでなければならないと想定されるようになった。この点こそ重要だ。

繰り返しになるが、私たちの暮らしは、個人の所有を前提とする。だから、多くを持つ者と僅かしか持たざる者との間に不平等が生まれる。この事態は避けがたい。さらに、自分の労働力以外は何も持たない労働者が問題となるとき、不平等はいっそうひどいものとなる。不平等を適度に調整し、不平等に由来するさまざまな生活上のリスク――その中心が失業であり貧困だ――から人びとを守るためにはどうしたらよいのか。私的な所有を前提としつつも、私的所有から帰結する諸問題を是正するには、個人の所有物とならない誰のものでもないもの、翻って言えば、共有のものを発見し、あるいは創出するしかない。では、何を共有のものとするのか。その答えこそ、見知らぬ人びとの間の相互依存関係、すなわち《社会》だったのである。

一九世紀から二〇世紀にかけて工業化が進展し、労働者が爆発的に増大したヨーロッパ諸国やアメリカでは、見知らぬ人びとの間の相互依存関係が共有のものと想定され、そこから社会保険や社会福祉事業をはじめとする社会保障が国家の管理する公的制度として確立されていった。そうすることで、私的所有に起因する不平等を緩和し、目前に迫った革命の危機を乗り越えようとしたのである。カステルはこうしたやり方を「社会的所有」という言葉で説明しているが、ここでは社会権（social rights）に着目することでもう少し説明を続けよう。

社会保障制度は、社会権に基礎づけられている。現行の日本国憲法によれば、「健康で文化的な最低限度の生活」を送る権利としての生存権、教育を受ける権利、勤労の権利、そして労働者の権利――いわゆる勤労三権――がそれに当たる。ところで、社会権という用語における社会が何を意味しているのかといえば、それこそこれまで論じた見知らぬ人びとの間の相互依存関係だ。社会権を有する存在とは、労働を中心に形成される相互依存関係に包摂され、その関係性の中で生まれ死んでいく存在であり、その関係なしでは生存しえない。一九世紀以来、そのような人間は社会的存在と呼ばれてきた。この者たちは、自らの生存の基盤となっているこの相互依存関係がもたらす利益を十分に享受すると同時に、そうした関係から生じるリスクをヘッジする権利を有する。この権利が社会権である。その権利を要求できるのは、人びとが《社会》という相互依存関係に絡めとられた社会的存在だからだ。

人びとが包摂される相互依存関係は共有のものであるがゆえに、それが私的所有の対象とならないよう国家の管理下に置かれていく。国家はさまざまな規制をとおしてこの相互依存関係を維持し発展させることを主要な任務とするようになる。ここに福祉国家（welfare state）――しばしばそれは社会国家（social state）とも呼ばれる――が誕生する。福祉国家の下、共有のものとしての相互依存関係が社会権や社会保障制度という形をとることで、私的所有による不平等の中でも人びとが、他者の意思の下に置かれることなく存在することを可能にする。これこそ、共有のものとしての《社会》の中で人びとが享受する自由、すなわち、社会的自由（social freedom）だった。要するに、二〇世紀をかけて進行した福祉国家化の中で人びとが手に入れたものが共有のものとしての《社会》であり、その下での自由、すなわち社会的自由だったのである。

先に、「社会などというものは存在しない」という、四〇年近くも前のサッチャーの言葉が再び注目されたことに言及した。それは、新型コロナウイルスに感染した英国首相のボリス・ジョンソンが自己隔離中のビデオメッセージで、保守党の先輩であるサッチャーの言葉を否認して「社会なるものは確かに存在する」と述べたことによる。彼は、サッチャーら新自由主義者たちが否定し破壊してきた《社会》という相互依存関係を、現在のコロナ禍の中で実感したのかもしれない。

新自由主義による社会の解体

ルソーが私物化について私たちに教えてくれる最も大切なことは、私物化によって共有のものは破壊され、自由は喪失されるということだ。とするなら、現代における私物化の問題を検討することは、現代における自由の喪失がいかなるものであるのかを検討することを意味する。

では、私たちの眼前で起きている私物化とはいかなるものか。それは、新自由主義による社会の私物化だ。ここでいう社会とは、前節で論じた、私的所有に起因する不平等を是正するために、一九世紀から二〇世紀にかけて発明された相互依存関係としての《社会》である。新自由主義は、この意味での社会を私物化し、破壊しようとしてきた。

この事態を理解するには、新自由主義とは何かを明確にしておく必要がある。ここでは二つの視点から簡単に説明しておこう。一つが、自由主義の系譜からの、きわめてオーソドックスな視点であり、もう一つは、統治の様式という、フーコー主義の立場からの視点である。

まず、新自由主義は、一七世紀から一八世紀の古典的な自由主義――ジョン・ロックやアダム・スミスが有名だ――、そして、その批判として登場する社会的所有を前提とした一九世紀から二〇世紀にかけての社会的自由主義――ホブハウス、そして何よりケインズに代表される――の系譜上に存在し、社会的自由主義の批判としての地位を占めている。この系譜からすると、新自由主義の核心には、それに固有の自由の観念が存在することになる。

しかし、他方で、統治の様式という観点からすると、新自由主義を理解するには、その核心に自由の観念があるとはいえ、自由に関する哲学的ないしイデオロギー的な議論に注目するだけでは不十分だということになる。新自由主義は、自由の観念を実現するためには経済、政治、社会、文化がどうあるべきかについての具体的な構想を持っている。より正確にいえば、そうした構想をとおして秩序を統治しようとする。ここから、新自由主義には、特有の統治の様式があるといえる。

このように新自由主義を理解するなら、その特徴は以下の四点にまとめることができる。

第一に、自由に関するさまざまな理解がある中で、新自由主義は私的所有を前提とし、法と慣習によって維持される古典的な自由観念をその基礎に据えている。その中でも、特に、個人の選択の自由が強調される。

ここから、第二の特徴が出てくる。すなわち、経済学的には、選択と交換のシステムである市場が新自由主義では重視される。自由の関係から、市場の機能およびそこでの活動は、新自由主義にとって本質的なものとなる。

第三の特徴として、国家の役割は削減される一方で、市場が機能する条件を積極的に確保することが強く求められる。これは第二の特徴から帰結する政治的・政策的な特徴だ。その際、市場が正常に機能するのを妨げる障害ならびに規制を可能な限り、緩和したり除去したりすることが目指される。

最後に、新自由主義の文化的な特徴として、家族やコミュニティなどの伝統的な価値や慣習を重視する一方で、市場の内部での競争に打ち勝ち、自らの望むものを自らの責任で選択することの可能な主体を形成しようとする点が挙げられる。しばしば、起業家精神（entrepreneurship）と呼ばれる個人主義的なエートス（習性）の内在化を狙ったこの主体形成は、伝統的には家庭や教育機関、マスメディアにおいて、現在ではＳＮＳなどをとおして行われている。これも、新自由主義の文化的側面を特徴づけている。

新自由主義はこのようなものである。次に問題となるのは、それがどうやって社会を私物化してきたのか、そして、その結果としての社会的自由の喪失は、現代を生きる私たちにいかなる影響を及ぼすのかということだ。

新自由主義の黎明《れいめい》期の思想家、例えばハイエクにとって、社会権や福祉国家の諸制度、それらの基盤となる相互依存関係としての《社会》という理解などは、全体主義を生み出す危険な温床であった。オルド自由主義（ordoliberalism）の理論家たちにとっても、それは資本主義を阻害するがゆえに、解体せねばならないものだった。そして、一九七〇年代以降のアメリカ、ヨーロッパの民主主義諸国において、長期化する不況と慢性化する財政赤字の根本的な原因として福祉国家がやり玉に挙げられる。こうして、新自由主義による福祉国家、そしてその基盤である《社会》の解体は、待ったなしとなった。

新自由主義は、《社会》の解体を新自由主義のシンボル的政策、例えば、「小さな政府」「規制緩和」「市場化と民営化」によって遂行した。

《社会》を維持するには、国家による規制が不可欠である。労働における雇用者と被雇用者の関係を考えてみればよい。労働をとおして《社会》は形成され、人びとは労働者としてそこに組み込まれる。この雇用関係は、国家による規制がなければどうなってしまうのか。歴史が教えるところでは、雇用者の都合による解雇、圧倒的な低賃金と長時間労働、劣悪な環境の下での労働者の酷使が常態化する。要するに、労働は雇用者によって専有され、被雇用者は奴隷的な労働に従事せざるをえなくなる。

また、教育は、相互依存関係を支える能力と責任を備えた社会的市民を育み、《社会》を再生産していくために不可欠な制度であるがゆえに、国家の規制の下で管理される。それ以外にも、交通や通信、上下水道といった社会インフラも同様に、国家による規制の下に置かれてきたのは、《社会》を共有のものとして維持するためであった。

福祉国家は、人びとが否応《いやおう》なく組み込まれている《社会》を特定の個人や集団による専有から守ること、したがって、野放しの私的所有から帰結する無秩序を予防することを第一の使命とする。それは、市場や労働、教育、家族に対して介入し、規制をかけることで管理しようとする国家だといえる。当然、この機能を実際に果たすとなると、政府は巨大化する。新自由主義は、「小さな政府」の掛け声の下、規制緩和によってこの機能を奪う。そうなれば、福祉国家は実質的に解体されてしまう。財政赤字の削減や行政の合理化と効率化、市場経済の活性化の必要性がしきりに流布される一方で、見知らぬ人びとの間の相互依存関係は次第にそして確実に国家の庇護《ひご》を失い、むき出しの脆《もろ》いものとなっていく。

新自由主義の下で《社会》の無防備化と同時に進められたのが、民営化および市場化だ。それらは《社会》を着実に個人や集団の専有の対象にしていく。《社会》を維持するために国家が担ってきたさまざまなタスクは、民間の企業にバイアウト、あるいはアウトソーシングされると同時に、需要と供給のバランスあるいは費用対効果などといった市場のルールの下で運用される。その結果、労働は、市場のルールに従う雇用者の都合に合わせて、被雇用者から簡単に奪われるようになる。教育も市場のルールの下で民営化され、たんなるサービス産業になり下がる。交通や通信、上下水道などの《社会》を支えるためのインフラも、民営化と市場化の対象だ。あるものは企業に売り渡され、あるものは財政赤字を理由にダウンサイズされていく。

一九八〇年代以降、福祉国家の新自由主義的改革を受け入れてきた、アメリカ、ヨーロッパのほとんどの民主主義国において、《社会》は市場のメカニズムの下に置かれることで私物化されていった。むろん、その改革の程度や範囲は国ごとで異なる。また、この改革のおかげで、財政赤字の削減と行政の合理化に成功し、さらに市場経済の活性化をとおして長期の不況から抜け出した国も多い。この点は誤解のないよう強調しておこう。しかし、それと引き換えに、新自由主義化したあらゆる国で人びとは、民営化と市場化をとおしての社会の私物化の時代、いわゆる「社会喪失の時代」(カステル二〇一五)を迎えることになったのである。

私物化による自由の喪失と社会の分断

新自由主義によって社会は私物化された。それによって、人びとは福祉国家の下で形成され、維持されてきた共有のものを失うことになった。その結果は、社会的自由の消失であった。しかし、それだけではない。多くの民主主義国では、この消失と同時にもう一つの問題が顕現化した。それが、社会の敵対的な分断であった。

　この分断はどのように生じたのだろうか。

《社会》を解体するにあたり、最も効果があったのが、社会的なものとされた労働を再び私物化することであった。

　一九世紀以降、人びとが相互依存関係としての《社会》に巻き込まれ、それを経験したのが、労働をとおしてであった。福祉国家の下で労働者は社会的存在と見なされ、社会権に基づき保護された労働をとおして、生活の糧を獲得し、自らと家族の安全を確保した。さらに、労働者は現在と将来のリスクに対処するべく、労働によって得た資金を元手に国家が後ろ盾となった社会保険に加入することで、いっそうの生活の安全を手に入れた。つまり、福祉国家はさまざまな規制によって労働を資本家や企業の私物化から保護することで、その役割を果たしたのであった。だとすれば、規制を緩和し、撤廃することで労働を私物化の対象としてしまえば、容易に福祉国家は機能しなくなるはずであるし、実際にそうであった。

　このことは、平成の日本を見ればよく分かる。日本では、一九九〇年代以降、労働に対する規制が徐々に緩和されたが、それは短期契約で低賃金を特徴とする非正規雇用労働者の増大という形で現れた。そうした人びとの労働は極度に不安定化し、生活の安全は破壊された。これが平成の社会問題の中心にあった。

平成の時代経験からするなら、新自由主義による社会の私物化の直接的な帰結は何より、不安定化した労働に従事する人びとから生活の安全を剝奪《はくだつ》したことだ。しかし、それとともに進んだもう一つの事態に着目する必要がある。その事態は、社会的自由の喪失と人びとの繫《つな》がりの分断である。それが現代の民主主義を行き詰まらせ、私たちを苦境へと陥れている一因となっているのだ。

自由の喪失、より正確には、自由の交換というべき事態が新自由主義化した民主主義諸国で進行した。社会の私物化とともに失われた自由とは、すでに何度か言及した社会的自由である。社会的自由とは、見知らぬ人びとの間の相互依存関係の中で、社会的存在としての自らの能力と個性を最大限に発展させる自由である。この自由を実現するために、福祉国家は生活における安全を平等な権利として保障し、さまざまな制度と規制によってその実現に取り組んできた。だから新自由主義によって福祉国家が解体されてしまえば、社会的自由が人びとの手から消えてしまうのも当然のことといえるだろう。

この自由の代わりに、新自由主義の統治の下で人びとに強制されたのが、市場における選択の自由、すなわち、すべてが自己責任とされる市場での激烈な競争をとおして、自己と家族の利益を最大化するための選択の自由である。決して公平とはいえない競争——受験における、就職における、そして、キャリアにおける競争——に打ち勝った、いわゆる勝ち組が手にしているものは、ライフプランにおける選択の自由に他ならない。この自由は競争を前提とするがゆえに、それに打ち勝った者はより多くの選択肢を獲得するのに対して、負けた者には、選択の余地はほとんど残されることがない。このことは、平成の時代、負け組と呼ばれた非正規雇用労働者の生活を思い起こせば、納得がいく。要するに、新自由主義の時代に、自由は有能な者たちの特権となったわけだ。

この自由の最大の特徴は、現在の生活の安全の欠如と将来の不確実さによって駆り立てられる自己の自由の追求が、他人の自由の追求と対立し、どちらかの自由が失われてしまう点にある。新自由主義の下では安定した労働と生活の安全は選択の対象であって、競争に勝たない限り、それを選び取ることはできないのだから、それも当然だ。この事態は、安全を選択の対象ではなく保障の対象とすることで、相互依存関係にある市民たちの自由の共存を前提とした社会的自由とはきわめて対照的だといえる。

こうして、社会的自由と新自由主義的自由の交換が意味することが見えてくる。福祉国家の下での社会的自由の追求には、見知らぬ人びととの間の連帯を強める効果があったが、新自由主義の下での自由の追求は、人びとを敵対的にし、競争に勝ち、選択の自由を享受する勝ち組と自由の甘美さを知りえない負け組との分断を生み出すことになった。

繰り返しいおう。新自由主義が社会を私物化した結果は、社会的自由の喪失であった。しかしその一方で、この自由に代わって、新たな自由が人びとに押しつけられることにもなった。新自由主義は自由であれ、競争せよ、選択せよと迫る。しかし、その現実は、競争に打ち勝ったごく一部のエリートたちの選択肢が増大したに過ぎなかった。他方で、それ以外の人たちが人生において選択できる余地は極端に縮減された。要するに、新自由主義的自由の本質は、能力主義化された自由であり、特権化された自由であった。いま、民主主義諸国に暮らす人びとは、この特権化された自由の分配をめぐって敵対し、分断されることになった。この分断は日本においても顕在化している。

こうして、本章の冒頭に立ち戻る。人びとの間の敵対的な分断が多くの民主主義国の混迷を招いているとするなら、この分断の根には何があるのか。これまで論じてきたように、新自由主義による社会の私物化こそ、その答えなのである。

第二章　民主主義諸国における政治の私物化とその先

現代に特有の《私物化》の問題は、新自由主義による社会の私物化だけではない。もう一つ、選挙で選ばれた代表者による政治（権力）の私物化がある。これは代表制度の下で運用されてきた民主主義にとってきわめて深刻な問題だ。

夜警国家から発展した現代の民主主義諸国において、政治の存在理由は国防や治安の維持だけではない。社会問題の解決が政治の重要な責務となってきた。社会問題とは、個人や家族、あるいは職場や地域社会などの自発的努力ではどうにもならないがゆえに、強制力を伴う集合的解決を必要とする問題を指す。その典型が失業や貧困である。現在、それらを解決しうる唯一正統なアクターが国家とされている。教科書的には、このことは夜警国家から福祉国家への転換としても説明される。

さて、新自由主義化した多くの民主主義国では、社会の私物化が進行し、人びとの生活は荒廃の徴候を示している。それは、経済格差の拡大に始まり、犯罪件数や自殺件数の増加、アルコールや薬物などへの依存の蔓延《まんえん》、社会的・文化的マイノリティに対する権利侵害や迫害の増大など、それぞれの国が抱える事情によってさまざまな形をとって現れる。これらが社会の安定性を脅かすほど悪化する場合、それらは社会問題となる。本来なら、そこで政治の出番となるはずだ。

しかし、現在、この意味で政治がうまく機能している民主主義国はそれほど多くないように見える。

近年、政治がうまくいかなくなった要因は少なくとも二つある。第一の要因は、そうした国々で進んだ統治（政府）の新自由主義化――それは、「小さな政府」というキャッチフレーズの下で実行された――である。すでに論じたように、新自由主義は市場に関わる以外、基本的に政府の役割の縮減を目指した。このため、福祉国家が行ってきた労働や貧困などの問題への介入を可能な限り避けようとしてきた。小さな政府というフレーズには次のような正当化が必ず伴った。すなわち、政府の介入よりも、市場のルールの下で競争する民間企業やＮＰＯなどの市民セクター、そして何より個人の自助努力のほうが社会問題をより適切に解決できるという正当化や、自助こそ人びとを自立的にし、道徳的健全さを維持できるといった正当化だ。

けれども、一九八〇年代以来、新自由主義化してきた多くの民主主義国の現状に鑑みれば、明らかにそれらが誤りであったことが分かる。というのも、経済格差ないし貧困は改善されるどころか悪化し続ける一方で、国内のマイノリティや移民の差別や迫害が激しさを増しているからだ。

とはいえ、政治の機能不全や政治の責務の放棄という現状は、新自由主義による小さな政府化――換言するなら、統治の新自由主義化――だけからの説明では、不十分でもある。新自由主義化した民主主義諸国のいくつかでは、これに加えて別の深刻な事態が進行している。それが政治およびその権力の代表者――選挙によって選出された政治家――による私物化である。これが第二の要因に当たる。この私物化のために、政治とその権力は共有のものという性格を失おうとしている。そして、共有のものであるがゆえに政治に求められてきた責任が放棄されつつある。これは古くから繰り返されてきた問題だ。しかしそれを直視しない限り、現代における政治の堕落の真相に立ち入ることはできない。では、どのようにして政治の私物化は進んでいるのか。

一　政治権力をどうコントロールするのか――共和主義と自由主義、そして民主主義

私物化というのは、本来共有されるべきものを特定の個人や集団が専有することを意味する。とすれば、政治とその権力が私物化されるといえるのは、それらが本来共有のものだということが何よりの前提である。

現代の民主主義へと至る西洋の歴史を振り返って分かることは、政治とその権力を共有のものと見なし、それが私物化されないような仕組みを作り出す営みが脈々と続いてきたことだ。例えば、古代共和政ローマに始まり、ルネサンス期のマキアヴェリを経て、アメリカ合衆国憲法など現代にも息づく共和主義、あるいは自然法思想に深く影響を受けた近代自由主義、そして一八世紀に復活する民主主義。それらは、各々の時代の制約の下で政治ないし政治権力を共有のものと想定し、その私物化を防ぐためのさまざまなアイデアと制度を生み出す試みとして理解することができる。

共和主義に関していえば、そうした制度として混合政体を挙げることができるだろう。それは執政官と元老院、平民会という三つの制度からなる古代共和政ローマの統治機構を模範に、君主政、貴族政、民主政の要素を組み合わせることで権力の均衡を図ろうとした制度だ。また、

自由主義に関しては、立憲主義を挙げることができる。これは議会や政府による政治権力の行使を憲法や法律によって制約することを狙いとするアイデアだ。

混合政体と立憲主義の双方において問題となっているのは、政治権力の恣意的な行使をどう防ぐかである。政治権力が恣意的に行使されるのは、政治権力が私物化されたときだ。権力を行使する者がそれを自らの利益のために用いるとき、権力は恣意的に行使されたといえる。そして、政治権力が私物化され、恣意的に行使されるなら、人びとは他人の意思の下に置かれ自由を失う可能性が高くなる。翻って言えば、政治権力が共有のものであって特定の誰かのものでない限りで、人びとは誰にも支配されず、自由でいられる。要するに、共和主義にせよ、自由主義にせよ――それらの自由概念がどのようなものであろうと――、それらのアイデアと制度の根底に、政治権力が共有のものである限り、特定の人物によって支配される可能性が除かれ、人びとは自由を手にすることができるという想定がある。だからこそ、さまざまな工夫によって政治権力の私物化を避ける必要があったのだ。

近代以降の民主主義は、共和主義および自由主義の伝統を内包しつつも、政治権力の私物化による専制政治に対抗するための独自の方法を編み出した。一例として、国民主権――ここでは人民主権との明確な区別はしない――という概念を挙げておこう。現代の民主主義諸国は、国民主権を原理とする憲法を掲げている。日本もその例に漏れることはない。日本国憲法の三大原理の一つとされる国民主権は、例えば、憲法前文において「主権が国民に存すること」という文言で規定されている。この場合の主権の意味は、「国の政治のあり方を最終的に決定する力または権威」（芦部二〇〇七）として解釈される。

しかし、なぜ国民主権が現代民主主義の根本原理なのか。これが問われなければならない。詳述は次章に譲るが、ここでは次のような説明で十分だろう。

国民主権は、国民の自由――日本国憲法では、「個人の尊厳」――が蹂躙《じゅうりん》される可能性を排除するべく、政治を最終的に決定する権力ないし権威を共有のものとして国家の政治的構成員である国民全員に帰属させることで、特定の個人や集団によるその私物化を防ぐための概念なのだ。近代以降の民主主義は、国民主権の原理を掲げつつ、選挙および政党を基盤に据えた代表制度によって私物化を防ぎ、専制政治に対抗しようとしてきたのである。

共和主義と自由主義、そしてそれらを内包した近代以降の民主主義において、政治および政治権力は共有のものと想定されている。また、その私物化をどう防ぐかが最重要な課題であり続けてきた。ところが、現代の民主主義諸国では、政治の私物化が公然と行われている。

以下では、アメリカと日本の例によって、その現状を見てみよう。

代表者による政治の私物化――アメリカの場合

現代の民主主義において、誰が政治あるいは政治権力を私物化しているのだろうか。福祉国家の時代に批判のやり玉に挙げられた専門家や官僚などのテクノクラートだろうか。それとも、いつの時代も変わらず、富者たち、現代ならグローバル企業やその経営者たちだろうか。

ここでフォーカスするのは、政治家と呼ばれる選挙で選出された代表者、中でも政府を構成する代表者だ。これらの人びとこそ、現代の民主主義における貴族の一群なのだ。

代表者という特権階級に注目する理由は二つある。

一つは、国民の代表として政治権力を実際に行使する権限と責任を持っている点で、代表者はその私物化に最も誘惑されやすく、またその誘惑の機会も圧倒的に多く有するからだ。もう一つは、現代の民主主義諸国における代表者たちは国民のために、共有なものの私物化を未然に防ぐ役割を担っているが、仮にこの代表者が堕落し政治の私物化を行った場合、もはや歯止めをかけるのは容易ではなく、結果として被害の規模が甚大になることが予想されるからだ。

代表者が堕落し、政治を私物化する事態が生じた場合、選挙で落選させて罰を与えればよい。民主主義国であるなら、選挙は必ず定期的に行われるのだから、代表者が政治を私物化したとしても、それは次の選挙までの束《つか》の間《ま》だ。こんな反論があるかもしれない。確かに、代表制度に依拠する近代以降の民主主義は、選挙によって政治ないし政治権力の私物化を防ぐよう設計されている。しかし、後の章で論じるが、現代の民主主義諸国の選挙がそのような機能を果たしているとはいいがたい。さらに、この私物化はたんに政治家個人の性格や一部の政党の策略だけでは説明できない、近年一貫して持続してきた傾向だという指摘もある。そのため、選挙が数年周期で行われても、もはや私物化を防ぐことはできないのだ。

そこで、まず代表者による政治の私物化がアメリカにおいてどのように起きているかをアメリカの政治研究者スティーブン・レビツキーとダニエル・ジブラットによる『民主主義の死に方』というテキストを手掛かりに検討しよう。

『民主主義の死に方』の中で指摘されているのは次のことだ。人権を保障する憲法の下で選挙が定期的に行われ、選挙で選ばれた国民の代表者が政治を行い、複数のメディアも存在する現代の民主主義諸国において、民主主義が後退し、さらに崩壊へと向かいつつある。著者たちによれば、民主主義を止めるのに、もはや戦車や戒厳令は必要ない。これまで普通の民主主義国と考えられてきたところで、至って普通に民主主義が瓦解し始めている、少なくともその兆候があるというのだ。

現在、世界にはそうした国家は、いくつもある。この本が書かれたアメリカでも「民主主義が危機にあるのではないか」という疑念を笑い飛ばすことができなくなっている。それはもはや歴然とした現実なのだ。

このような話になれば、トランプ前大統領がすぐに念頭に浮かぶだろう。そして、トランプは特異な事例であり、彼は異例の形で民主主義を破壊しようとしたのだという指摘が出てくるに違いない。しかし、『民主主義の死に方』によれば、その始まりは、共和党が急進化する一九八〇年代にさかのぼることができる。現在のアメリカの民主主義の衰退はそこからの帰結に過ぎない。

では、この事態はどのように進行してきたのか。著者たちは、民主的な憲法や法律によって明文化されていないものの、民主主義を守るために不可欠な規範が破棄される中で、その衰退が生じたことを指摘する。つまり、民主主義がうまく機能するには、憲法や裁判所だけでなく、不文律の民主主義の規範が必要なのだが、それがなし崩し的に反故《ほご》にされることで、いまのアメリカの民主主義がおかしくなったというわけだ。

『民主主義の死に方』では、アメリカの民主主義を支えてきた二つの規範が挙げられている。一つが「相互寛容」、もう一つは「組織的自制心」だ。

前者は、自分たちとは立場を異にする政治家や政党を、殲滅《せんめつ》すべき「敵」としてではなく、ともに民主的な政治を担う正当なライバルとして認め、尊重する気構えのことを意味する。二〇世紀に確立される代表制民主主義は、競争的な政党政治の下で権力の循環＝政権交代が実現されて初めて正常に機能する。「相互寛容」はその前提である。

後者は、政治権力を掌握した政治家や政党がなりふり構わずあらゆる特権を用いてその権力を維持したり、拡大したりすることを控える気構えを意味する。要するに、たとえ可能だとしても、仕組み自体を破壊してしまわぬよう強硬手段には打って出ないということだ。

相互に関連するこれらの規範が、アメリカの民主主義を支えてきた。ところが、一九八〇年代以降、強硬路線に転じた共和党がこれらの規範を破り始める。『民主主義の死に方』では、その象徴的な政治家として、一九七九年に共和党の下院議員となるニュート・キングリッチを挙げている。彼こそ「政治を戦争とみなす」ことで、共和党の強硬路線をリードした人物だ。その後二〇〇〇年代に入り、規範が急速に衰えていく中で、アメリカの民主主義の「ガードレール」は弱められ、結果として、反民主主義的な大統領がついに誕生することになったのである。

レビッキーとジブラットの指摘はきわめて興味深い。それは、政治の専制化を防ぐための制度が憲法によって保証されているにもかかわらず、その仕組みが骨抜きにされ、政治権力の私物化が目に見えにくい形で進行していることを明らかにしてくれている。

アメリカの民主主義の基盤となる制度が、どのような意図で設計されたのかを知るには、慣例通り『ザ・フェデラリスト』に当たるのが適切であろう。このテキストは、一七八七年に採択されたアメリカ合衆国憲法草案を各州が批准するよう促すべく、アレグザンダー・ハミルトンとジョン・ジェイ、ジェイムズ・マディソンによって執筆されたテキストだ。その内容は、アメリカ合衆国憲法の理念および制度についての解説となっている。そこで論じられるテーマの一つが、権力の私物化による専制政治をいかに回避するかというものだ。権力を専有しうるのは、政府の場合もあれば、議会の場合もあり、また、社会の中のマジョリティの場合もある。いずれにせよ、権力が一所に集中することで専有され、専制が行われることを未然に防ぐことの必要性とそのための手立てが、『ザ・フェデラリスト』の中では繰り返し論じられる。

例えば、派閥という集団に注目しながら社会の多元性を擁護し、大規模な国家における代表制度の利点を述べた第一〇篇《ぺん》や、アメリカにおける民主主義の制度の最も根本的原則だと言われる抑制均衡に関する第五一篇。これら以外にも、このテキストを読むと、アメリカの民主主義を支えてきた制度の本質が、政治権力の私物化による専制の回避にあったことは容易に理解できる。

レビツキーとジブラットによれば、現代に政治権力を私物化する独裁者を誕生させようと思うなら、非常事態宣言の下で憲法を停止し、軍隊によって政党と議会を解散させる必要はもはやない。先に挙げた「相互寛容」と「組織的自制心」という二つの規範を破壊すれば、民主主義の制度はその機能を果たせなくなる。本書の議論に即せば、人権が制約されることなく、また選挙も通常通り行われる中で、政治権力は私物化され、専制政治は行われるのだ。多くの民主主義国で現在起きていることは、そして、トランプ前大統領の下のアメリカで起きたことは、まさにこの事態だ。

『民主主義の死に方』は、アルゼンチンのペロン、ペルーのフジモリ、ベネズエラのチャベス、ロシアのプーチンら、名だたる独裁者と、トランプ前大統領の一年目を比較して、選挙で選ばれた独裁者らしく振る舞ったと指摘しつつも、慎重を期して、この大統領がアメリカの民主主義を破壊しなくても、「将来の大統領が壊す可能性が高まっていることはまちがいない」としている。

代表者による政治の私物化——日本の場合

それでは、日本の場合はどうか。レビッキーとジブラットの議論に依拠するなら、「恐ろしいほど眼に見えにくい」民主主義の崩壊の徴候はもちろん日本にも存在している。

二〇一二年に発足した第二次安倍政権を例に挙げよう。まず、この政権で公然と反故にされた規範は、「組織的自制心」だ。安倍政権は、これまでの政策決定や国会運営において「禁じ手」とされてきた強硬手段をしばしば用いた。その最たる例が、二〇一五年に安全保障関連法を憲法改正ではなく、解釈改憲によって成立させ、しかもそのために、内閣法制局長官の人事に異例な形で介入した件だ。当時、法律学および政治学の多くの専門家が反対を表明したのは、これによって集団的自衛権の行使が解禁されたことよりも、権力の私物化を妨げ、専制を防ぐための立憲主義という民主国家の大原則に手がつけられたと理解したからであった。また、二〇一七年に成立したいわゆる共謀罪もそうだ。反対する野党を出し抜き、「中間報告」という禁じ手によって参議院本会議での強行採決を行った。

では、もう一つの規範「相互寛容」はどうか。第二次安倍政権は、野党を与党とともに日本の代表制度を支える競合的なパートナーとして尊重する姿勢を著しく欠いていたように見える。それは、「悪夢のような民主党政権」に代表される、安倍首相（当時）本人の数々の発言に如実に表れていた。そうだとすれば、「組織的自制心」ほどには明白ではないにせよ、この規範も無視されていたといってよいだろう。

政治主導を看板にした平成の政治改革をとおして脈々と続き、第二次安倍政権下において絶頂に至った、民主主義の規範からの逸脱とそれによる民主主義の「柔らかいガードレール」の破壊。これは、国会で繰り返し追及され、世論の批判を受けた森友問題や桜を見る会などにおいてより分かりやすい形で表れているといえる。これらの問題は、専制というにはあまりに陳腐ではある。なぜなら、安倍首相には、そうした意図もさらにはそれをなしうるだけの能力もなかったからだ。しかし、そこで起きていたことは、専制に繋がりうる、紛《まが》うことなき代表者による政治の私物化である。第二次安倍政権下で開かれた専制への道程を、菅《すが》政権以降の代表者がさらに先へと進んでいくのを想像することは、難しいことではない。『民主主義の死に方』の著者たちに倣えば、そういわざるをえない。

二　新自由主義が政治の私物化を加速させる

新自由主義の下で進んだ社会の私物化と、代表者たちによる政治の私物化。確かに、それらは独立した現象であるがゆえに、まずはそれぞれを独自に考察し、説明するほうがより適切な理解に到達できるだろう。

とはいえ、それらの現象が独自のプロセスや固有の論理で進行しているとしても、二つの私物化の繋がりを模索することは、十分可能だ。ここでは、規制という観点を手掛かりにして、社会の私物化が政治の私物化を促した可能性を指摘しておこう。すなわち、新自由主義は、社会問題を放置させただけではない。それはさらに、政治の私物化を後押しする、間接的ではあるがきわめて重大な要因でもあったのだ。

新自由主義と政治の決断主義化

一般に、新自由主義は、工業化社会からポスト工業化社会への転換の必要性に迫られた多くの民主主義国において採用されてきた統治の様式だ。そこにおいて、規制の多くが競争と選択の自由を妨げる障害とされ、取り除かれるべき対象と見なされる。この規制の緩和ないし解除によって、新自由主義における社会の私物化が進んだことはすでに指摘した。また、規制が緩められたり撤廃されたりすることで私物化が進んだ民主主義諸国ではどこでも貧困をはじめとする社会問題が噴出したが、新自由主義の下での取り組みは、民間企業やNPO、さらには地域社会と個人による自助あるいは共助に大きく依存することになった。

その一方で、新自由主義を推進し規制の緩和を行う政府の政策決定の様式には、明らかな特徴があることが分かってきた。それは、政府の首長のリーダーシップを強調したトップダウン型の政策決定という特徴だ。新自由主義を主導した政治家たちの多くは、右派左派を問わず、リーダーシップを売りにしていた。

もちろん、そこには理由がある。新自由主義的な改革には、規制によって守られてきた既得権益集団との熾烈《しれつ》な対決を伴うため、ボトムアップ型の調整と合意ではなく、トップダウン型の前例を見ない決断が必要になったのだ。こうした説明にはそれなりの説得力はある。実際、規制によって固く守られた鉄の檻《おり》を解体するために決断するリーダーという政治家のイメージは、新自由主義化の中で有権者にも好意的に受け入れられていった。日本でも、この点は顕著であった。

一九八〇年代、三公社——日本国有鉄道、日本電信電話公社、日本専売公社——の民営化を実行し、「前川レポート」によって新自由主義的な政策提言を公にした中曽根内閣や、行政改革を推し進めた橋本内閣、二〇〇五年に郵政民営化関連法を成立させた小泉内閣はまさにその典型例といえる。しかし、日本の事例で注目すべきは、政府の首長のリーダーシップによるトップダウン型の政策決定こそ、日本社会の諸問題を解決する鍵であるという理解が広く普及したことだ。平成の時代をとおして行われた政治改革はそうした理解に沿って進められた。世論も支持したこの政治改革は、小選挙区制の導入に始まり、党執行部の権力強化に繋がった政治資金規正法の改正、幹部級官僚の人事権を内閣官房に掌握させた内閣人事局の設置というように、首相―内閣機能を強化し、トップダウン型による「決められる政治」を実現すべく進められた。ここで忘れてはならないことは、政治主導を実現しようとした平成の政治改革は、それに参画した専門家たちの意図はさまざまであったにせよ、結果として、日本の新自由主義化と不可分であったということだ。

新自由主義的政策を推し進める中で、既得権益集団と闘いながら、規制によって固められ錆《さ》びついた鉄の檻から人びとを解放するリーダーというイメージ。このイメージを日本のみならず多くの民主主義国の代表者たちは自ら進んでまとうようになる。しかし、それだけではなかった。さらに、冷戦終結後、急速に進んだグローバル化によって、代表者たちは先の見通せない状況下での政策決定を迫られることになった。

その一例が「テロとの戦争」であり、直近では新型コロナウイルスのパンデミックである。

こうして多くの民主主義国では政治の決断主義化が加速する。これまでのルールが通用しない不確実な状況であっても――いや、そうだからこそ――、代表者のトップダウン的決断によってこれまでにない政策を決定・実行できる政治。これがグローバル化した世界で、新自由主義を推進する国々が行き着いた政治のあり様であった。

では、政治の決断主義化は民主主義諸国に何をもたらしたのか。この問いにこそ、社会の私物化と政治の私物化との関連を考える上でのヒントがある。

ここでの決断主義の意味は、調整と合意に基づく決定ではなく、首長のトップダウン型決定の重視という素朴なものだ。しかし、さらにそこに、決断主義と規範主義との対比におけるカール・シュミット風――シュミットの狙いは政治的決定を平時の法秩序の制約から解放することにあった――の含意を付け加えると、社会の私物化と政治の私物化との間の注目すべき関連が見えてくる（シュミット一九七一）。

その含意とは、政治の決断主義化によって具体的な状況の中で行われる代表者の決定が優先される一方で、その決定を非人格的ないし、形式的に――決定する主体や、その状況にかかわらず――制約する規制が弱められたり、無視されたりする、というものだ。その規制とは『民主主義の死に方』の著者たちが論じた民主政治の規範であり、法律であり、憲法である。新自由主義の求めた規制の撤廃から始まる政治の決断主義化がたどり着くのは、政治権力の私物化を禁じ専制に対抗するための民主主義的規制を緩和し、骨抜きにしてしまうことだった。

民主主義諸国の新自由主義化はグローバリゼーションの深化と相まって、不確実性の高まった状況下での政治の決断主義化を加速させた。そして、この決断主義化の傾向は政治権力の行使を制約してきたさまざまな制度や規範を乗り越えることを代表者たちに促した。新自由主義の下での社会の私物化は、結果として政治の私物化を推し進めることになったのだ。こうした理解にもそれなりの説得力があるように思われる。

三　私物化の時代の民主主義はどこへ向かうのか

この章の最後に、私物化の時代の民主主義諸国がどこへ向かうのか、その行き先について検討しておこう。

いまから一〇〇年ほど前なら、ファシズムあるいはコミュニズムが民主主義に代わる現実の政治体制として存在していた。では、現在はどうか。第二次世界大戦において、イタリア、ドイツ、日本に出現した全体主義体制は葬り去られたものの、即座に二つの超大国アメリカとソ連との間で冷戦が始まった。一九八九年、ベルリンの壁の崩壊を経て冷戦は終結し、フランシス・フクヤマによって「歴史の終焉《しゅうえん》」が高らかに宣言された。そう、自由民主主義が全世界を覆う唯一の統治の形態として君臨する時代の到来とともに、イデオロギー闘争としての歴史は終わりを迎えたという宣言だ。

「歴史の終焉」論の是非はさておき、冷戦の終結以降、旧共産圏の東ヨーロッパ諸国の民主化に始まり、南アフリカのアパルトヘイトの廃止、そして二一世紀初頭の「アラブの春」に至るまで、代表制度の下での民主主義は実際、政治体制としてグローバルなスタンダードとなったかのようであった。すなわち、民主主義に代わる政治体制はもはや存在しないように見えた。

確かに、イスラム原理主義組織との「テロとの戦争」はあった。とはいえ、それは、当時の民主主義諸国を支えるイデオロギーや制度を根本から脅かすことは決してなかった。むしろ、その戦争は民主主義への忠誠を高めるようにさえ見えた。しかし、現在では、それもすっかり過去の出来事になってしまった。

代表制度によって運用される民主主義にはいま、確かなオルタナティブが存在する。それは中国、より正確にいえば、中国的な政治体制である。冷戦の終結後、現代の民主主義諸国に暮らす人たちを誘惑しうる唯一の現実的な体制が、現在の中国なのである。

中国の誘惑

比較政治学では、現在の中国は全体主義体制と民主主義体制の間に位置する権威主義体制に分類される。あるいは、中国共産党の事実上の一党独裁の下で経済発展を邁進《まいしん》している点に着目して、二一世紀の開発独裁国家と呼ぶこともできる。しかし、いずれにせよ、現在の中国の政治体制の特徴は、建前となった共産主義のイデオロギーの実現というよりは、国民の政治参加の自由を大幅に制限した上で、豊かさと安全を提供する統治を目指している点にある。

自由を犠牲にする代わりに経済と治安を重視する権威主義国家。これが現在の中国だ。なぜ、現代の民主主義諸国の人びとが、政治的には遅れた国と考えられてきた中国に魅了されるのか。

理由の一つは、そうした国々の国内事情から説明できる。

前章および本章では、私物化という観点から民主主義諸国の現状を見てきた。それによれば、新自由主義による社会の私物化をとおして、自由は能力主義化され、もはやその享受は特権となっている。その結果、競争に打ち勝ち、人生における選択の自由を満喫する勝ち組と、不安定な労働のために社会生活を営むための必要不可欠な財さえ選び取ることができない負け組との分断が引き起こされた。こうした状況では、特に負け組と呼ばれる人びとにとって、努力しても得られない自由の重要性や優先順位が低下したとしても何ら不思議ではない。そもそも手に入らないのだから、「自由は二の次」というわけだ。とすれば、中国という新たなオルタナティブを拒絶するハードルはおのずと下がることになる。

また、現代の民主主義諸国では、政治の私物化も留《とど》まることを知らない。新自由主義は社会の私物化をとおして、貧困をはじめとする数々の社会問題を深刻化させた。福祉国家の時代の民主的な政府であれば、こうした社会問題に取り組み、人びとの生活の安全を維持した上で、自由を確保することを求められてきた。ところが、いまの民主主義諸国では、政治の私物化をとおしてそうした任務の一部は無責任にも放棄され始めている。その結果、社会の分断は拡大し続け、人びとの生活は破壊されたままだ。政治の私物化が引き起こした政治の機能不全と責任放棄から、人びとの間には民主的な政府への不信や幻滅が非常な勢いで渦巻いている。アメリカやヨーロッパ諸国で台頭するポピュリズムがその証左だ。そうした不信や幻滅から、中国が民主主義に代わる希望のオルタナティブに見えることは十分ありうる。

しかし、民主主義諸国の国内事情だけでは、現代中国の魅惑の理由を十分に説明したことにはならない。

まず指摘したいのは、中国が二〇世紀を代表する権威主義国家、例えばペロンのアルゼンチン、朴正煕《パクチョンヒ》の韓国などと大きく異なる点だ。成熟した民主主義諸国の人びとが中国を無視できないばかりか、むしろオルタナティブとして魅了される理由は、何より中国という国家の巨大さにある。人口や面積における巨大さはもとより、この国家が生み出す富の膨大さ、それに伴う、世界経済に対する影響力の大きさ。また、国際社会における政治的影響力の大きさも、そうした権威主義国家とは比較にならない。現在の中国は、内向きになりつつあるアメリカを尻目に、拡大する経済力と軍事力を基盤にした政治的影響力を自覚的に行使している。

しかし、これでも、現在の中国の魅力を十分に説明していない。メリトクラシー、すなわち、能力主義に基づいた統治についての言及がないからだ。このメリトクラシーに基づく統治にこそ、中国が代表制民主主義のオルタナティブとなる本質的な理由がある。

政治的メリトクラシーとしての中国モデル

メリトクラシーは比較的新しい言葉である。しかし、業績ないし能力（メリット）による統治（クラトス）――ここでは政治的メリトクラシーと呼ぶ――そのものは、相当古い。例えば、中国の隋《ずい》の時代に作られた科挙制などは、政治的メリトクラシーを代表する制度といわれる。政治におけるメリトクラシーは、家柄や社会階層などに基づく統治に代わって登場した。それは統治に求められる資質が「生まれ」ではなく、試験などによって客観的に証明された能力や実務経験の厳しさにおいて試される徳にあるという想定に基づいている。ここにメリトクラシーの本質がある。

むろん、政治的メリトクラシーは中国に固有なものではない。西洋の政治をめぐる思想の根源にもメリトクラシーは存在する。プラトンの『国家』で描かれた、哲人王による理想の統治だ。それは、民主主義に対する根源的な批判として、いまだに圧倒的な影響力を保持している。たいていの学者がそうであるように、民主主義に対して批判的な人たちは多かれ少なかれ、メリトクラシーを暗に支持するエリート主義者である。これは、二五〇〇年前でも現在でも、全く変わらない。学者たちが知的研鑽《けんさん》を積む際に触れる書物のほとんどが、過去のエリート主義者たちによって書かれたものであることに鑑みれば、それは至極当然のことといえよう。

さて、西洋東洋を問わず、長い伝統を有する政治的メリトクラシーの下で、驚異的な経済発展を遂げた国家が二〇世紀の東南アジアに存在する。それがリー・クアンユーのシンガポールだ。権威主義体制と政治的メリトクラシーを組み合わせた開発独裁の優等生として、この国に対する国際的な関心は現在も続いている。とはいえ、シンガポールはたかだか五〇〇万を超える人口の「都市国家」に過ぎず、現代の国際社会では例外的な存在だ。そのため、経済的成功にもかかわらず、シンガポールの政治的メリトクラシーが他国のモデルとなるには困難があった。政治的メリトクラシーが民主主義諸国にとって現実的とはいかないまでも、少なからず検討に値するオルタナティブとなるには、国家の規模においても、さらには、国際社会に対する政治的および経済的影響力の大きさにおいても、シンガポールとは比較にならない国家の登場を待つ必要があった。その国家こそ中国なのだ。

現代の中国は、一九七八年に幕を開ける改革開放路線の下、中国共産党による一党支配が続く権威主義国家である。一九四九年の建国から一九七六年までのいわゆる「毛沢東時代」の中国は、政治体制は社会主義イデオロギーに基づいて運用され、経済体制は統制型の計画経済に立脚した全体主義国家であった。毛沢東の死後、共産党内部の権力闘争に勝利した鄧小平《とうしょうへい》の改革開放路線によって中国は全体主義から権威主義体制への転換に成功した。この転換によって、イデオロギー的には、鄧小平の「白猫黒猫論（白猫だろうが、黒猫だろうが、ネズミを捕れる猫がよい猫だ）」に象徴される結果重視のプラグマティズムが社会主義イデオロギーに徐々にとってかわり、経済政策的には、市場経済化が急速に進んだ。その結果が、三〇年以上にわたる中国の経済成長である（唐二〇一二）。

一九八〇年代以降の中国の統治の特徴は、自由を代償にした豊かさと治安の追求に収斂《しゅうれん》する。この点が重要だ。豊かさに関していえば、市場経済の導入に加え、民営化と規制緩和を積極的に推進する新自由主義的政策の採用によって途方もない経済成長を実現した。治安においては、中国共産党の指導による社会統制によって、社会秩序の安定を図ることに成功した。ここから、自由の問題――一九八九年の天安門事件はその象徴だ――を除けば、八〇年代以降の中国の統治は、成功したといってよいだろう。そして、この統治の成功を支えた一つの要因が、政治的メリトクラシーだったのである。

ダニエル・ベルによれば、公務員のリクルートメントに関する現行制度は、一九八〇年代以降の権威主義体制の下で徐々に構築されていった。例えば、大学の整備に始まり、九〇年代に公務員試験制度の確立などが行われた（Bell 2015）。専門的な知識や管理能力を有した大卒の公務員が行政を担うこと自体は、現代のほとんどの民主主義国家と何ら変わらない。したがって、中国の政治的メリトクラシーの本質的特徴がそこにあるわけではない。その特徴を理解するには、権威主義体制の根幹を支配する政治エリート、すなわち中国共産党幹部とその選出方法を見る必要がある。

中国共産党は一九四九年以来、中華人民共和国の政治権力を独占してきた。現在でも、共産党は行政機関や軍隊、市民社会のさまざまな団体を実質的に指導・統制することで、中国社会の末端まで支配している。確かに、民主主義諸国の国会に当たる、「全国人民代表大会」——選挙によって選出された代表者から構成される——は、中国の現行憲法において「最高権力機関」とされる。しかし、それは表向きの話でしかない。全人代はしばしば、「民主主義の飾り物」として批判されてきた（唐二〇一二）。

それに対して、実質的に中国を支配する共産党の最高指導機関は「全国代表大会」だ。ここで政治報告書を採択し、党幹部が選出されるが、開催は五年に一度だけである。閉会時に党を指導するのが党中央委員会であるが、その総会も通常一年に一回の開催となる。このため、平常時に党の指導を行うのが、中央政治局、特にその常務委員会だ。この委員会において、執政の基本方針となる政治報告書案や中央委員会総会での決議案、そして重大人事の任免案が作成される（唐二〇一二）。例えば、中国共産党第一七回全国代表大会で選出された、政治局のメンバー二五名、さらには常務委員会メンバー九名こそ、当時の中国のメリトクラシーの頂点を形成する政治エリートだといえる。そして、これらの政治エリートたちが巨大国家・中国の政治権力の中枢を担い、あらゆる重要な政治的決定を行っているのである。

ここで決定的に重要なのは、この政治権力を実際に司《つかさど》るトップエリートが、現代の民主主義諸国の場合と異なり、民主的な選挙制度の下での国民の投票によって選出されていないという点だ。この点にこそ、現代の中国のメリトクラシーの本質的特徴がある。

例えば、議院内閣制をとる日本では行政のトップである内閣総理大臣は、投票で選出された国会議員でなければならない。大統領制をとっているアメリカにおいても、行政のトップは国民の投票によって直接選出される。もちろん、投票によって選ばれた政治家が能力や徳という点で優れているとは限らない。後述するが、現在の有権者は、そもそもそれらを基準に選ばないし、また選ぶことはできない。

他方で、中国において政治エリートのトップになるには、一連の能力を問う試験をパスし、数十年にわたる行政上の実務経験を蓄積せねばならない（Bell 2015）。これらの条件を満たしてようやく、党内部での幹部候補に選出される可能性が開かれる。この可能性を手にした者たちの間で繰り広げられる共産党内部での熾烈な競争を経て、国家のリーダーが最終的に選出される。要するに、選挙ではなく、実力本位の選抜をパスした政治エリートによる支配こそ、代表制民主主義のオルタナティブとなる中国の統治モデルなのだ。

中国モデルのインパクト

このような中国モデル、すなわち、メリトクラシーに基づいた統治の存在は、統治の成功の条件が選挙ではない可能性を端的に示している。むしろ、民主的な選挙によらない能力本位の選出方法こそ、統治の成功の秘訣《ひけつ》となる可能性だ。ここに中国モデルが、現在の民主主義のオルタナティブとなりうる理由の一つがあるのだ。

確かに、現代の中国社会には多くの問題が山積している。政府に批判的な市民や少数民族への人権侵害の問題、政治権力と資本の癒着問題などはきわめて深刻だ。特に、ウイグル人弾圧や強制収容所の問題は国際社会からの厳しい批判に晒されている。その一方で、能力本位の政治エリートの指導の下だからこそ、あれほど膨大な人口と広大な領土から構成される社会の秩序を安定させながら経済発展を継続することができているともいえる。その是非はともかく、現在の中国で行われているのは選挙によらない、政治的メリトクラシーによる統治という壮大な実験なのである。

これに対して、もう一つの超大国アメリカや、アメリカとともに近代の民主主義を常にリードしてきたヨーロッパ諸国、そして極東の民主主義国の日本に目を向けるなら、どうであろうか。

アメリカは、コロナの封じ込めに完全に失敗した。しかも、その最中にアメリカ社会の根幹に巣くう病である人種問題が再燃した。トランプ前大統領によって繰り返された「アメリカ・ファースト」のフレーズとそれに無邪気に熱狂していたアメリカ国民を見るとき、アメリカは自ら民主主義国のリーダーとしての地位を降りようとしているのではないかと思わざるをえない。トランプ前大統領の再選をかけた選挙の顚末《てんまつ》は悲劇的というよりは、むしろ喜劇的にさえ見えた。

ヨーロッパでもポピュリズムが民主主義を蝕《むしば》んでいる。既成政党の代表者たちが貧困の拡大と社会秩序の不安定化に対応できていないことに不満を持つ人びとの支持によって、ポピュリズムは一過性の政治現象ではなくなりつつある。すなわち、それはヨーロッパの政治のノーマルな状態となりつつある。

また、ヨーロッパの未来となるはずであったEUは、多くの加盟国にとって解決ではなく問題となっている。二〇二〇年のイギリスのEU離脱をはじめ、EUは加盟国内の政治争点の中心にある。

そして私たちが暮らす日本だ。平成時代には、民主主義を強化するという名目で政治改革が続けられた。それにもかかわらず、三〇年以上にわたる経済そして社会の停滞が続いた。

要するに、多くの地域で民主主義に基づいた政治は行き詰まっている。貧困などの社会問題は放置され、社会は持つ者と持たざる者とに分断されたままだ。自助・共助・公助などといいながら、結局、持たざる者の苦境は自己責任で片づけられてしまうのが関の山だ。そのような状況下での中国モデルの出現は、選挙を基盤にした代表制民主主義に対する最大の挑戦となるといってよいだろう。良い政治の条件が治安と豊かさにあるとするなら、そして、選挙が必ずしも良い政治を保証しないとすれば、なぜ、投票で国家のリーダーを選ぶ必要があるというのか。そもそも、民主主義にこだわる理由はどこにあるのだろうか。こんな問いが出てくるのは、自然な成り行きだ。つまり、中国の台頭によって、なぜ民主主義なのか、そもそも民主主義とは何かについて掘り下げて再考することが必至となっている。これらの問いが次章以降の焦点となる。

第三章　民主主義とは何か――古代と近代

現代の民主主義諸国では、シニカルなリベラル批判の大合唱とともに、民主主義への懐疑や嫌悪が確実に広がっている。民主主義でまともな政治ができないなら、なぜそれを続ける必要があるのか、というわけだ。この状況を把握するには、グローバル化した新自由主義の下での社会と政治の《私物化》の問題を押さえておく必要がある。そうすることで、現代の民主主義諸国に暮らす人びとの間には、民主主義への懐疑や嫌悪だけでは片づけられない、さらに深刻な事態が生じつつあることが見えてくる。それが、政治的メリトクラシーの誘惑だ。ここでの政治的メリトクラシーは、選挙とは異なる能力本位の競争を勝ち抜いた政治エリートによる支配を意味している。

前章では、この意味での政治的メリトクラシーによって統治されている国家が現代の中国であり、それが民主主義に対する有力なオルタナティブになっていることを論じた。民主主義の懐疑からメリトクラシーの渇望への移行。ここに現代の民主主義の真の危機がある。

現代の民主主義諸国の私物化の現状から、次のことをすでに指摘した。中国の政治的メリトクラシーが豊かさと安全を保証することができるのなら、貧困の中で「自由は二の次」と考える人びとには、それが民主主義の現実的なオルタナティブに見えたとしても何ら不思議ではない、ということだ。しかし、民主主義でなくても構わないと思い始めているのは何も、いわゆる負け組の人たちだけではない。ここでは、エリートたちがそのように考えうる理由を二つ挙げておこう。

第一の理由は、中国モデルが経済の面と政治の面で成果を上げていることに関わる。現代の勝ち組にとっても、中国モデルは民主主義の魅力を低下させたり、民主主義に固執する理由を失わせたりする存在となりえる。というのは、民主主義を魅力的なものにしてきた二つの相関する想定が、この中国モデルの成功によって有効ではなくなりつつあるからだ。一つが資本主義市場経済は民主主義体制と基本的に良好な関係にあるという想定であり、もう一つが資本主義市場経済の発展は中産階級を成長させることで、最終的にはその国の民主化を促す傾向にあるという想定だ。

二〇世紀の民主主義が資本主義市場経済を採用する国にのみ存在してきたという歴史的な事実は、この良好な関係を雄弁に物語ってきた。その一方で、資本主義市場経済を採用しながらも、非民主主義国は存在してきた。その代表例が、韓国や台湾であった。しかし、資本主義市場経済の下での高度な経済発展は自由を愛する中産階級を増大させ、結果として、それらの国も民主化することになった。こうした資本主義市場経済との相思相愛的関係は、民主主義を魅力的にしてきた主な理由の一つだ。しかし、中国モデルの成功によって、資本主義市場経済の中で成功を収めてきた人たちにとっても、民主主義の魅力は失われてしまう可能性が出てきた。金儲《かねもう》けのためなら民主主義でなくてもいいじゃないか、というわけだ。

第二の理由は、近代の民主主義に内在し続けてきたエリート主義が新自由主義化によってその封印を解かれ、復活し始めていることに関わる。近代の民主主義は平等な自由を建前にしてはいるものの、社会の実情は一貫して階層化されてきた。もちろん、自由な社会においてその階層化は前近代的な身分によるのではなく、競争と能力によっている。しかし、だからといって、平等な自由という民主主義の理想と、競争と能力に基づく階層化が問題なく両立するわけではない。なぜなら、競争に打ち勝つための能力を陶冶し、発揮することは、あらかじめ経済資本や社会関係資本、そして文化資本をどれほど持っているかに大きく依存するからだ。平たくいえば、近代においても成功のための決定的に重要な条件が、生まれや育ちであることに変わりはない。

このため、第二次世界大戦後の多くの福祉国家では、平等な自由の形式性を実質化するための努力がなされてきた。すなわち、国家が経済資本や文化資本を再配分することによって、生まれや育ちに左右されない公平な競争を可能にしようとする政策がとられてきた。ところが、二〇世紀後半以降、状況は変わる。工業化社会からポスト工業化社会への転換の中で、アメリカをはじめ多くの民主主義国で進んだ新自由主義化が「才能の貴族制」（ラッシュ一九九七）を公然と広めたからだ。事実、福祉国家を解体させた新自由主義は、工業化社会を支えてきた中産階級を徹底的に没落させ、競争に勝ち続ける少数の勝ち組と、競争に参加さえできない人を含む負け組とに社会を階層化し分断した。また、その過程で、近代の約束であった平等な自由は、能力主義化された特権になり下がってしまった。

新自由主義化した社会で厳しい競争に打ち勝ってきたエリートたちは、普段の生活において能力主義や業績主義に慣れ親しんでいるはずだ。とすると、現代のエリートたちが政治におけるメリトクラシーに理解を示したり、あるいは、それを支持したりすることがあっても、何ら不思議はない。確かに、新自由主義のエリートたちが現行の中国の統治をそのままの形で受け入れるとは想像しがたい。しかしながら、そうした人たちが、政治家であっても自分たちと同様に、選挙ではなく能力と業績本位の競争によって選抜されるべきと考えることは、十分ありうるのではないだろうか。

現代の多くの民主主義国では、下流の非正規雇用労働者から上流のエリート実業家まで、政治の世界でのメリトクラシー化を拒絶する強力な動機をもはや持たないように見える。その理由は何より、現代の民主主義諸国の多くがその根元まで新自由主義化したためである。そこで暮らす人びとにとって、市場という物差しですべてが決まる競争の領域は個々人のアイデンティティや実存にまで拡張されている。すなわち、市場の外部は存在せず、競争は全面化しているのだ。とすれば、政治や政治家もその外部に立つことはできないというのももっともだ。

現状がこうだとするなら、現代の中国に代表される政治的メリトクラシーに対する民主主義の優越性を、どのようにしたら説得力をもって論じることができるだろうか。いや、そもそも、危機にある民主主義を擁護することが果たして可能なのだろうか。これらの問いに対して真剣に向き合うにはまず、民主主義とは本来どのようなものであったかについて、しっかりと振り返る必要がある。本章では、この課題に取り組む。

一　始原にさかのぼる――権力の私物化を禁じ、専制に対抗する民主主義（1）

民主主義の本来の姿を理解する際の最も手近な方法の一つは、歴史をさかのぼり、生まれたばかりの姿を見ることだ。だから、民主主義がどのような経緯で誕生したかをまず押さえておく必要がある。生まれたばかりの民主主義がどのような目的や理念を持っていたのか。それらを実現するための制度がどのようなものであったのか。

民主主義の始原にさかのぼる上で、留意すべき点が二つある。一つは、私たちが現行の民主主義の制度、すなわち代表制度に慣れ親しみ過ぎているために、代表制度を民主主義そのものだとしばしば勘違いしてしまう、ということだ。その典型が、民主主義の本質を選挙だとする誤解だ。あるいは、民主主義の本質を多数決とする理解もその一つに数えることができる。こうした誤解を生じさせる理由は単純だ。手段と目的の混同という認識上の錯誤のためである。選挙も多数決も、民主主義の理念や目的を実現するための手段に過ぎない。

選挙でも多数決でもない、民主主義とはいったい何なのか。本節ではこの問いを検討するために、古代アテナイの民主主義に立ち返る。ここで二つ目の留意点が出てくる。それは、古代の民主主義と近代の民主主義の違いを押さえておくことの大切さだ。

この違いは、民主主義の理念や目的を実現するための手段において現れる。古代の民主主義と近代の民主主義における手段の違いはきわめて明確だ。最も重要な違いは、古代の民主主義がその理念を実現するためにクジを用いたのに対して、近代の民主主義は選挙でそれを実現しようとしてきた点にある。私たちが慣れ親しんだ選挙に比べ、クジは一見するといい加減そうだ。しかし、実際はそうではない。クジおよび選挙は、ともにきわめて合理的な手段だといえる。いずれにしても重要なことは、選挙とクジという手段の違いを超えて、古代と近代の民主主義には共通の理念や目的が存在するということだ。

手段と目的をしっかり区別した上で、手段の違いにかかわらず現代まで一貫して存在してきた民主主義の理念とは何であるのか。これを見極めるために、まずは、生まれたばかりの民主主義の姿に迫ることにしよう。

古代アテナイにおける民主主義の誕生と発展

都市国家アテナイの民主主義は、紀元前五〇八年の誕生から紀元前三二二年マケドニアに支配され消滅するまでのおよそ一九〇年間続いた。一般に、アテナイの民主主義は、成年男子市民ならば誰もが参加し発言できた、最高の議決機関である民会を中心に、司法から行政まで市民が直接担ったことで知られている。これゆえに、それはしばしば、直接民主主義とも呼ばれてきた。エーゲ海に開花したこの古代の民主主義は権力を私物化する僭主の出現を未然に防ぎ、専制に対抗するために開始され、発展していった。アテナイの民主主義は繰り返し出現する僭主による専制政治をその都度打倒することで、深められていったのだ。

民主主義が誕生する以前のアテナイは、君主政に始まり、前八世紀半ば頃までには、貴族政に移行する。その後、いわゆる市民（平民）層の台頭を背景に、五九四年にソロンの改革が行われ、所得に応じて参政権が与えられる財産政治が制度化された。しかし、ソロンの改革後も貴族と市民の対立は続く。そのような中、貴族の一人であるペイシストラトスが市民の支持の下で、他の貴族たちを押しのけ、非合法的に政治権力を奪取した僭主として、専制政治を開始する。

しかし、実は、このペイシストラトス、僭主として思うがままの暴政を行ったのではなく、平民にとっては望ましい、安定した政治を行った。当時のアテナイの市民たちを専制の恐怖に陥れたのが、ペイシストラトス本人ではなくその息子、ヒッピアスであった。ヒッピアスは父の死後、弟のヒッパルコスとともに権力を継承した。ところが、ヒッパルコスが殺害されたのをきっかけに恐怖政治を行うようになる。彼は、ペイシストラトスの下で行われた刀狩で武装解除されていた多数の市民を殺害し、重税を課すことで、典型的な僭主として専制を敷いた。

この専制に対抗したアテナイ市民は、前五一〇年に僭主ヒッピアスを追放する。さらに、その二年後の前五〇八年、クレイステネスによって民主主義を確立するための改革が行われる。クレイステネスは、貴族勢力を弱体化させるために統治の単位となる部族を再編し、市民の対等な参加を前提とする民主主義の基礎固めを行った。また、後述する五〇〇人評議会という重要な機関もこのとき、設けられた。さらに、この改革で最も有名なのが、僭主による権力の私物化を防ぐための制度の創設だ。それが、僭主になりそうな人物を市民の投票——定足数が六〇〇〇票——によって、一〇年間国外追放することを可能にした、オストラシズム（オストラキスモス）である。陶片追放とも呼ばれるこの制度から、民主主義の誕生が反専制という目的を持っていたこと、言い換えれば、専制を引き起こす権力の集中と私物化の防止にあったことを読み取ることができる（橋場二〇一六）。

このように、アテナイの民主主義は、権力を私物化した僭主の専制政治に対する抵抗とその予防という目的によって始まった。ヒッピアスによる恐怖政治の危機を乗り越えたアテナイは民主主義の下で、デロス同盟の盟主として繁栄を極めていく。

一般に、アテナイの民主主義の最も充実した様子は、ペロポネソス戦争におけるペリクレスの戦死者への弔辞に表現されていると考えられている。一方、その後のアテナイの民主主義はデマゴーグによって衆愚政治化していくとされる。そうした理解の基となっているのは、プラトンに代表される当時の民主主義に批判的な人たちのテキストだ。しかし、当時のエリートたちのテキストに惑わされることなく、虚心坦懐《きょしんたんかい》にアテナイの民主主義を見るなら、実情はかなり異なっていたといえよう。というのは、ペリクレスの時代以降も、権力の私物化による専制を未然に防ぐべく、古代の民主主義はその制度の改革が絶えることなく進められ、さらに成熟していったからだ。

ヒッピアスの恐怖政治以降のアテナイの民主主義における最大の危機は、前四〇四年のペロポネソス戦争での敗戦後に起きる。それが、スパルタの支援の下で出現したクリティアスらによる三〇人僭主政権の出現であった。この時期のアテナイは、ソクラテスの処刑（前三九九年）もあり、デマゴーグによる民主主義の衆愚化として否定的に評価されてきた。しかし、実際は、三〇人の僭主からなる専制政治を跳ね除《の》けたアテナイの民主主義は、さらなる充実の時期へ向かう。その一例が、翌年の改革によって成し遂げられた、人治から法治への転換である。具体的には、民会においてその都度行われる、外交などの政策決定に対する法律の優位性が確認され、そのための制度化――法律に反する議案を民会に提出した者を罰する手続きである「違法提案に対する公訴」――が行われた（橋場二〇一六）。ここに、政治の自己制約が、民意の暴走による民主主義の崩壊を防ぐために、言い換えれば、多数者による専制を防ぐという目的で、制度として確立されたのである（Ober 2017）。

しばしば指摘されるように、古代アテナイの民主主義は、現代の私たちの理解からすると多くの問題を抱えていた。当時の社会は、奴隷制度を基盤にしていた。また、参政権は、女性や外国人、奴隷に認められることはなかった。人権という概念もなかった。したがって、この民主主義を実際にそのままの形で模倣することはできないし、過度な理想化も慎むべきだ。とはいえ、古代アテナイの歴史は、政治は政治家がやるものだと決めつけたり、選挙を民主主義と同一視してしまう現代の私たちに、民主主義という政治のあり方が元来何を目指しているのかを教えてくれる。すなわち、民主主義は個人にせよ集団にせよ権力の私物化を防ぎ、専制政治に対抗する営みから生まれ発展したということ、換言すれば、「非僭主的体制」(Ober 2017) を目指して発展したということだ。

古代の民主主義を実現するための制度

権力の私物化を禁じ、専制政治に対抗するという民主主義の元来の目的は、アテナイの人びとが、紀元前五〇八年からその滅亡に至る約一九〇年の間に発展させた独自の制度からも確認できる。ここでは、平等な発言権を意味するイセゴリアが保証され、市民ならば誰もが参加できた民会以外の二つの制度に着目する。

最初に取り上げるべき制度が、クジによる選出と輪番制である。すでに指摘した通り、この制度は、選挙を基盤とする現代の民主主義と根本的に異なる、古代の民主主義の最大の特徴といえる。そして、ここに、古代の民主主義の目的がはっきりと表れている。

クジは、市民ならば誰もが参加できる民会やその他の重要な役職——将軍職など——を除く公職の担当者の選出、例えば、神殿の建設から日常の雑務を行う役人や民衆裁判所の裁判員、現行法のレヴューと改正を行う立法会議のメンバーの選出に際して行われていた。その中でも、特に重要なのが五〇〇人の市民から構成された評議会である。その重要性は、アテナイの民主主義において評議会が占める機能にある。評議会は、行政の最高機関であった。ポリスの財政を監督し、軍船の建造・管理や神殿などの公共建築の管理・運営をし、民会に対する議案先議権や議題提出権を有し、さらには、役人に対する執務審査——任期を終了するに当たって、金銭の不正授受などがなかったかなど、任期中の職務内容を精査する——や裁判権も有していた。この評議会のメンバーは市民からクジで選出され、任期は一年、二期以上連続して任に就くことは許されなかった——連続でなければ、二回メンバーになることはできた——。したがって、それは市民の間で輪番制という形をとっていた（橋場二〇一六）。

クジと輪番制は、アテナイの市民による直接の自治を可能にした制度であり、さらに自治への参加の平等を保証する仕組みとして理解されてきた。確かに、その理解は誤りではない。しかし、クジと輪番制が運用される際の細かな条件、すなわち、その任期の短さや再任の制限、役人に課せられる厳格な執務審査、そこから帰結する徹底したアマチュア主義にまで目を向けるなら、それらは政治参加の平等という理念を実現するための制度というだけでは不十分だ。加えて、政治権力の私物化や専制政治を防ぐという実際的な目的のために綿密に設計された制度であったことも忘れてはならないだろう。

そしてもう一つの制度が、公職者の弾劾制度である。すでに言及した役人に対して定期的に行われる執務審査以外にも、古代の民主主義では、権力を行使する公職者の責任を追及するための弾劾裁判の制度が確立されていた。この制度の狙いは、きわめて明確だ。それは、政治家や役人に非常に厳しい説明責任を課し、市民自らチェックをすることで、政治権力の私物化を許さず、専制の可能性を未然に防ぐことにあった。

弾劾裁判は、弾劾法に基づいて行われる。この法律が定める弾劾裁判の適用される行為として、アテナイの民主主義の転覆ないしその陰謀、ポリスおよびポリスの共有物の譲渡行為、民会や評議会での動議提案者の収賄行為が該当し、告発される対象は、政治家から役人、普通の市民までに及んだ。また、市民なら誰でも疑わしい者を告発し、訴追する権利を有していた。実際の弾劾裁判の手続きは、市民による告発が民会または評議会において受理されることから始まる。続いて、民会において裁判の行われる機関――民会かそれとも民衆裁判所か――の選定や、民衆裁判所で公判が行われる場合の裁判員の人数、さらに有罪であった場合の量刑について事前に議決が下される。そして、この弾劾裁判にかけられた者のうち私人・在留外人および地位不明の者を除くと、最多であったのがペリクレスをはじめとする将軍であり、彼らの多くが処刑されるか、失脚させられることになった（橋場二〇一六）。

この弾劾制度は、権力を行使する者たちを厳しく監視し、説明責任を果たさせるためにアテナイの民主主義が作り上げていった制度の一つだ。他の制度と同様に、この弾劾制度も、政治のエリート主義化や専門化を嫌い、アマチュア主義を尊重するアテナイの民主主義の特徴を共有している。それゆえ、民会におけるイセゴリアと同様に、市民なら誰もが訴追できる「民衆訴追主義」（橋場二〇一六）がとられていたわけだ。

とはいえ、弾劾制度をどう理解するかについては、慎重になる必要がある。なぜなら、この制度によってアテナイの民主主義の衆愚化が進んだという指摘もあるからだ。しかし、弾劾制度の働きを他のアテナイの民主主義の制度との関連で理解するなら、さらに、先に述べたアテナイの民主主義の歴史の内部で理解するなら、それが権力の私物化を禁止し、専制政治を防ぐことを目的としていたといえる。弾劾制度のおかげで、ペリクレスのような偉大で尊敬すべき政治家であろうとも、アテナイに多大な影響を及ぼすことはできても、支配することまでは許されなかったのだから（Farrar 2007）。

古代の民主主義における共有のものと自由

これまでの議論から、アテナイの民主主義の根幹にある理念が、権力の私物化を防ぎ、反専制的な政治を実現することにあったとしよう。とするなら、古代の民主主義を特徴づけるすべての慣行や制度は、この理念の実現のために考案され、制度化され、実施されたと見なすことができる。

なぜ、アテナイの人びとは、市民自身による直接的な集団統治をデモクラシー、すなわち民主主義と呼んだのか。それは彼らにとって、誰かに統治を任せるのではなく自分たちで統治すること、すなわち自治こそ、専制政治に対抗するための最良の手段だったからである。なぜ、彼らは、選挙ではなくクジ引きを自治の基盤となる制度としたのか。それは、クジが権力の専有を防ぎ、結果として専制政治に有効に対抗することができたからである。なぜ、彼らは政治におけるエリート主義化や専門化を頑《かたく》なに拒絶し、アマチュア主義に徹したのか。それは、エリートや専門家が権力を私物化することを十分に認識していたからであり、エリートや専門家による専制を恐れていたからである。

しかし、民主主義のこうした理念をさらに掘り下げて理解するには、アテナイの市民たちは、それによって何を守ろうとしたのか考えてみる必要がある。もちろん、僭主による恐怖政治は、市民の生命と財産を危険に晒すわけだから、市民は民主主義によって自らの安全を守ろうとしたことをまず指摘しておかねばならない。とはいえ、アリストテレスやトゥキディデス、クセノフォンらが現代の私たちに教える、古代ギリシアの人びとの政治に対する理解からすると、それだけではないはずだ。アテナイの市民たちが僭主の専制から守ろうとしたもの、それこそポリス（公的領域）に他ならない。

古代のアテナイの市民たちにとってポリスとは何であったか。古代ギリシア世界の基本構造であるオイコス（私的領域）とポリスとを対照するなら、オイコスが生命の再生産活動が行われる必然と私有の領域であるのに対して、ポリスは、共有と自由の領域といえる。それは、政治的共同体、すなわち共有のものである。アレントによれば、ポリスは「共に（together）活動し、共に語ることから生まれる人びとの組織である」。そして、誰かの所有物ではないこの共有の領域において初めて、人びとは対等な市民としての自由を享受することができた。

もちろん、この自由をどう解釈するかは、さまざまな見解がある。しかし、当時のギリシアの人びとにとって、自由がポリスという共有の領域だけに属していたことは間違いない。また、自由の内実がどう解釈されようが、アレントがいうように、ポリスという共有のものがアテナイの市民たちに自由を提供しえた理由は少なくとも二つあった。一つは、ポリスが、市民たちにとって生命の再生産活動から解放された領域であったからだ。彼らは欲求や必要からの解放こそ自由の条件と考えていた。もう一つは、アテナイの人びとがポリスにおいて作り上げた民主主義の制度が、誰か特定の個人や集団に支配されることなくポリスを統治することを可能にしたからだ。アレントはこの事態を「支配もしなければ支配されもしない」としている。本章では、アテナイでの共同の統治の仕組みが、特定の人間による支配をどのようにして不可能にしたかという問いから、このことを説明してきた。いずれにしても、古代アテナイの民主主義は、権力の私物化と専制を防ぎ、共有のものとしてのポリスとそこでの自由を守るために、誕生し発展したのであった。

おそらく、共有のものとしてのポリスを最も雄弁に称《たた》えているのが、すでに言及したペリクレスの戦死者に対する弔辞だ。ペリクレスは民主主義を実践するアテナイを「ギリシアが追うべき理想の顕現（school of Hellas）」と呼んでいる。この弔辞は、偉大なポリスのために命を落とした兵士に向けられたものであった。戦争が外部の敵からポリスを防衛する行為であるなら、民主主義は、ポリスの内部に潜む敵との闘いから生まれ発展したのであった。すなわち、権力を私物化し、専制を行う僭主という内なる敵からポリスを守る闘いだ。ペリクレスが古代アテナイを代表する政治家であるのは、この二つの闘いを勝利に導いた人物だからだといえよう。

二　近代に復活した民主主義――権力の私物化を禁じ、専制に対抗する民主主義（2）

長らく西洋の歴史の表舞台から姿を消していた民主主義が復活するのは、一八世紀の二つの市民革命をとおしてであった。アメリカの独立革命とフランス革命である。近代に復活した民主主義を検討するために、ここでは、ルソーの『社会契約論』を取り上げる。その理由は単純だ。このテキストには、近代に復活した民主主義の理念が書き込まれているからだ。そして、この理念に基づいて、民主主義は、古代のアテナイよりも、より巨大化し複雑化した社会に適合する形で発展していった。

もちろん、民主主義の復活に影響を及ぼしたテキストは、『社会契約論』だけではない。また、このテキストには、さまざまな評価が歴史的に下されてきた。中には、これを全体主義の起源とする批判さえあった。しかし、革命前の一七六二年に出版されたこのテキストは、近代社会に適合する形で加工されていく――端的にいえば、代表制度に接合されていく――以前の、そしてそれに伴い輪郭がぼやけてしまう以前の、民主主義の理念が何であったかを教えてくれる。この点に『社会契約論』の貴重さがある。このテキストに登場する全面的譲渡や一般意志――参照した翻訳の関係上、『社会契約論』に直接関わるものは一般意志として、それ以外のものは一般意思とする——という言葉に注目してみよう。そうすることで、古代と近代に通底する民主主義の理念を確認することができるのだ。

『社会契約論』と共有のもの

一般に、ルソーの『社会契約論』は、人民主権を理論的に基礎づけることで、近代に民主主義を復活させたテキストとして知られる。人民主権論とは、簡単にいえば、国家および憲法を創設したのは人民であるがゆえに、それらを司る究極の権力は人民に帰属し、さらにそれらは人民が直接表明する意思に基づかねばならないという考えだ。これが後に論じるシィエスの『第三身分とは何か』を経て、代表制度と両立する国民主権の理論へと発展していく。

確かに、有権者集団を主体として想定する人民主権論と、国籍保有者としての国民を主体として想定する国民主権論は同じではない。それらの間には、民主主義における主権的主体をめぐる見解および主権の意味に関する理解の相違が存在するとされる。

しかし、そのような相違があるとしても、君主主権に対抗して誕生した人民主権の観念が、近代において民主主義を正統化する上での理論的基盤となったことは間違いない。またその意味で、人民主権を理論的に基礎づけた『社会契約論』が近代民主主義の聖典の一つであることは、否定しがたい。

『社会契約論』で描かれた国家の目的、およびその設立と維持の仕方は、共有のもの／私物化、自由／支配という古代の民主主義に関する議論ですでに詳《つまび》らかにされた図式から説明できる。より正確にいえば、この図式から見ることによって初めて、近代の民主主義の本源となるルソーの構想を正確に理解することができる。

『社会契約論』では共和国と呼ばれる民主的国家は、自然状態から離脱をせざるをえなくなった人びとが互いに契約を結ぶことによって誕生した。いわゆる「社会契約」による国家建設の目的は、ルソーにとっては自明である。それは、国家という形で自然に代わる共有のものを再創造し、それによって自由をもう一度、確保することである。

自然状態では、共有のものとしての自然によって自由な生活が維持されていた。自然は生きるために必要なすべてを提供してくれた。しかも、自然が誰かの私有ではなかったからこそ、自然状態に生きる人びとは誰にも従属する必要はなかった。しかし、その状態から離れざるをえなくなったいまでは、人びとは滅亡の危機にある。このため、バラバラだった人びとは集合し、個々の力を合わせて国家を設立することで、自分たちの生存を確保しようとする。とはいえ、他人に支配され隷属を強制されることを何より嫌悪したルソーである。そんな彼からすれば、生命の安全を確保することさえできれば、どんな国家でも良いというわけではない。ここに、ホッブズの『リヴァイアサン』とは決定的に異なる、『社会契約論』に固有の課題が存在するのだ。

全面的譲渡と一般意志

ルソーはその課題をはっきりと述べている。あまりに有名な一文ではあるが引用しておこう。

各構成員の身体と財産を、共同の力のすべてをあげて守り保護するような、結合の一形式を見出すこと。そうしてそれによって各人が、すべての人々と結びつきながら、しかも自分自身にしか服従せず、以前と同じように自由であること。（ルソー一九五四）

ルソーが国家――この引用における「結合の一形式」に当たる――の必要性をどう理解していたのかは、ここから分かる。それは、ホッブズと同様に国家の下に集う人びとの安全――身体と財産――を確実にするためである。しかし、安全のために人びとが集まり協働し始めれば、そこには必ず支配と服従の関係が生まれてしまう。たとえ安全のためだからといって、自由を犠牲にするよう求めるホッブズ的な国家など、想像するだけでも忌まわしい。ルソーは一貫して自由を失った人間はもはや本来の人間ではないと信じている。だから、国家はその構成員に安全だけでなく、自由も保障しなければならない。すなわち、「人びとと結びつきながら……

以前と同じように自由で」なければならないのだ。

『社会契約論』における国家の目的は、安全と自由を構成員に提供することである。しかし、それをいかに実現するのか。どうしたら、安全のために結集しつつも他人の意志の下に置かれることなく、自由のままでいられるのか。この問いに対するルソーの回答は明快だ。まず全面的譲渡。これによって共有のものとしての国家を設立する。それは、古代の民主主義におけるポリスに当たる。

次に、一般意志だ。国家という共有のものを一般意志の指導の下に置くことで、私物化を防ぐ。つまり、共有のものの構築とその私物化の防止こそ、国家という形態で人びとと結合しながらも、支配・服従の関係に陥ることなく自由でいるための不可欠な条件なのだ。ここから、全面的譲渡と一般意志の二つが『社会契約論』における国家設立のエッセンスであることが分かる。

全面的譲渡とは、国家を設立する契約に合意した各個人を生来の権利とともに、契約によって生まれる国家に完全に譲渡することである。少々言葉足らずなこの説明は、全体主義者ルソーという誤解を生む原因の一つとなってきた。

これをテキストの文脈に即して解釈するなら、国家は、この設立に参加したすべての人びとによって構成されるがゆえに、その人たちにとって共有のものであることを意味している。社会契約によって設立された国家は、君主や貴族、あるいは金持ちたちといったある特定の個人や集団のものではなく、すべての人のものなのだということだ。ここから、ルソーは全面的譲渡によって作られた国家のことを共和国——レス・プブリカ、すなわち、公共のもの——と呼ぶ。国家が誰のものでもなく、みんなのものであるからこそ、安全のためにそこに集った人たちは、国家を所有する誰かの意志の下に置かれることで支配されるようなことはない。ただ、自分自身——より正確には、自分たち自身——に服従しさえすればよい。だから、自由でいられるのだ。

そして、この新たに作り出された自由を維持するためには一般意志が国家を運営する必要がある。一般意志はある特定の個人や集団の利益の実現を目指す意志——ルソーはこれを特殊意志と呼ぶ——とも異なるし、個々人がバラバラに持っている私的な意志を総計した意志——ルソーはこれを全体意志と呼ぶ——とも異なる。それは、国家の構成員全員が共有する利益の実現を目指す意志だ。しばしば一般意志と全体意志とは混同されがちであるが、共有と総計との違いに着目すれば、それらが全く異なるものであることは分かる。

さて、一般意志がそのようなものだとして、なぜ国家は一般意志に基づいて運営されねばならないのか。その答えは、特殊意志によって国家が運営される場合を想像すれば、おのずと明らかとなる。もし、国家がある特定の個人の利益を目指す意志の下に置かれるなら、国家の構成員はその人の意志の下に置かれることになってしまう。それこそ、共有のものとしての国家の私物化だ。翻って言えば、国家が構成員に共有された利益を目指す意志によって運営されるなら、その場合、彼らが誰か特定の個人の意志の下に置かれることはありえない。ここから、国家が一般意志に従って運営されねばならない理由が納得できる。それは、共有のものとしての国家の私物化を防ぎ、その構成員がある特定の個人に支配されることを避けるためなのだ。

自由・共有のもの・私物化

一般意志は法律という形をとって、共有のものとしての国家の私物化を防ぎ、自由を確保する。むろん、『社会契約論』において自由な国家を維持するための方法は、これだけではない。例えば、『社会契約論』第三編は、政府による主権や一般意志の私物化を防ぐ方法について論じている。ここで言及することは蛇足であろうから、これまでの話をまとめよう。

ルソーの『社会契約論』は人民主権論をとおして、近代の民主主義の理論的な基礎づけを行ったテキストだ。人民主権論は、政治権力の究極の源泉がその権力によって形成される秩序の構成員一人ひとりに存し、したがって、その政治権力の行使は、その構成員の意志ないし合意に基づかねばならないという、民主主義についての今日の常識的理解を根底で支えている。

この人民主権論が構築される際のエッセンスを確認することで、近代に復活した民主主義の根幹には、古代アテナイで発明された民主主義の理念が息づいていることが分かる。『社会契約論』で示されたのは、国家あるいは政治権力といった共有のものの私物化を防ぐことで、他人の意志の下に置かれることなく、自由であることを保障する秩序の構想だ。これを、「非支配」としての民主主義として言い換えることももちろん可能だ。事実、フィリップ・ペティットは「共和主義の二つの伝統」の一つとして、ルソーの民主主義をそのように――すなわち、共和主義の伝統の内部で――解釈している。

しかし、ここでは、民主主義に関するこうした理解が、共和主義的かどうかは重要な問題ではない。むしろ確認しておくべきは、次のことだ。古代アテナイの民主主義の歴史から再構成された民主主義の理念と近代の民主主義を基礎づけた『社会契約論』の理念はともに、権力や国家の私物化と専制を拒否し、共有のものの下での自由の実現を目指しているということ。翻って言えば、民主主義の理念は自由を守るべく、共有のものの私物化とそこから生まれる支配・隷属に抗《あらが》うよう命じているということだ。

古代と近代に共通する民主主義の理念がこのようなものであるなら、後者においてその理念はどのような制度の下で実現されようとしてきたのか。これまでにも、それが選挙を軸とする代表制度であることは繰り返し触れてきた。しかし、代表制度と民主主義とは本来無縁である。

では、なぜ選挙が導入され、代表制民主主義として発展していったのか。次章ではこの問いについて検討する。

第四章　代表制度とは何か

前章では古代の民主主義の目指すところは何であったのか、そして、近代に復活する民主主義は、どのように民主主義の元来の理念を受け継いだのかについて論じた。

その理念によれば、民主主義は、権力を《私物化》し、ひいては共有のものとしてのポリスを私物化する専制政治に対抗するために生まれた。古代のアテナイ人たちは、ポリスという共有のものが、市民の自由の前提であると理解していた。それゆえに、彼らにとっても共有のものの私物化は自由の剥奪を意味した。

共有のものを私物化してしまう専制政治に対抗する民主主義。その理念は、絶対王政の時代のフランスにおいて復活する。ルソーは『社会契約論』において、古代人には馴染《なじ》みのない「人民主権」という概念――主権という概念は中世ヨーロッパに誕生する――によって古代の民主主義の理念を蘇《よみがえ》らせた。人民主権とは、政治における最終的な決定権力は人民に属するという考え方である。より素朴にいえば、政治権力の源泉は人民にあるという考え方だ。それは、ルソーが国家という共有のものを人びとの約束によって作り出し、その下で自由を実現する政治のあり方を模索する中で編み出したものであった。後に代表制度に接続され国民主権へと発展していくものの、この概念は現代の民主主義の根幹となってきた。もちろん、日本国憲法においてもそうである。ここから、権力の私物化を禁じ、専制政治を防ぐことで市民の自由を確保することを目指した民主主義の理念は近代以降も継承され、多くの民主主義国の憲法にいまでも息づいているといえる。

そもそも、民主主義の理念を検討する作業がなぜ必要になったか。それは何より、現在、中国モデルが民主主義のオルタナティブとしての存在感を増しつつあるからだ。さらに、自由を「二の次」とせざるをえない人びとから、能力主義・業績主義に慣れ親しんだエリートたちまで、民主主義諸国に暮らす人びとが少なからずこのオルタナティブに魅力を感じ始めているからでもある。

ところがそれだけではないのだ。現行の民主主義は中国モデルより優れており、それを擁護していかなければならないと考えている人たちの存在も問題になってくる。というのは、民主主義の側に立つ人たちに、近代の民主主義に対する根深い誤解があるからだ。つまり、民主主義を擁護する側が自分たちの民主主義をよく分かっていないのだ。これはかなり困った事態といえよう。

最もよくある誤解が、「民主主義は選挙だ」とするものだ。これがなぜ誤解かといえば、選挙は代表制度に特徴的な手続きだからだ。そして、民主主義と代表制度の間には、本来的な関係はないからだ。前章でも指摘した通り、クジによって市民の直接的な統治を実現しようとした古代アテナイの市民からすれば、代表者の選挙と民主主義の理念とは無縁であった。代表制度は中世封建社会の身分制議会や教会などで活用されてきたが、そこでの重要な手続きが選挙や多数決であった。このため、近代の民主主義には中世の代表制度に由来する政治上の慣行のいくつかが引き継がれることになった。

「民主主義は選挙だ」という誤解が生まれたのは、近代において民主主義の理念を実現するための手段として導入された代表制度が民主主義そのものだと見なされてきたからである。

しかし、なぜこうした取り違いが起きたのだろうか。これを十分に説明するのは、意外に難しい。確かなこととして一ついえるのは、代表制度が、ある時期は、民主主義の理念を実現する手段としてうまく機能したということだ。つまり、代表制度は、権力の私物化を防ぎ、反専制政治を実現する上で、一時的にせよ非常に効果的に機能したので、多くの人びとは代表制度を民主主義と同一視したというわけだ。

では、そのような代表制度はいかなるものなのか。それはどのようにして民主主義と結合し、発展していったのか。また、民主主義と代表制度とをしっかりとかみ合わせ、民主主義の制度として効果的に機能することを可能にした条件とはいかなるものであったのか。本章および次章では、これらの問いをとおして、近代の民主主義、すなわち、代表制度の下での民主主義の実像に迫る。

一　民主主義と代表制度との理論上の接合

前章で参照したジャン＝ジャック・ルソーの『社会契約論』は一七六二年に出版された。このテキストでは、代表制度についてこう書かれている。「人民は代表者をもつやいなや、もはや自由ではなくなる。もはや人民は存在しなくなる」と。これは、ルソーの人民主権論において、主権は譲渡できないがゆえに代表もできないという原則があるからだ。しかし、それだけでない。ルソーは、フランス革命やアメリカ独立革命以前の時代を生きた。そんな彼にとって、代表制度は封建時代の政治に由来するものであった。そして、この時代には貴族ら特権階級が人民を奴隷とする唾棄すべき政治が行われたがゆえに、代表制度も当然、腐敗した制度に他ならなかった。

ところが、ルソーがそのように書いた数十年後には、代表制度は人民主権として言表された民主主義の理念を実現するための制度としての地位を獲得するようになる。いったいこの間に何があったのだろうか。

この謎を解くために、『ザ・フェデラリスト』の著者の一人であり、第四代合衆国大統領ジェイムズ・マディソンと、革命期のフランスの激動を生きながらえたエマニュエル＝ジョゼフ・シィエスのテキストを参照することにする。これらのテキストに、近代に復活した民主主義が代表制度と接合される理論上の契機を見て取ることができる。

マディソンとシィエスの双方において、代表制度を正当化する際の出発点は同じである。それは規模の問題だ。彼らは、近代の巨大国家では代表者による政治でない限り民主主義は実現不可能だという。しかし、ここから、二人は異なる観点から代表制度を積極的に擁護する。前者は、多元主義という観点であり、後者は、人民主権（国民主権）という観点だ。そうした違いはあるものの、彼らの残したテキストは民主主義の歴史的な転換点を指し示す思想史上のモニュメントといってよい。専制政治に対抗する民主主義の理念が、クジによる輪番制と市民による対等な政治参加によってではなく、選挙された代表者たちによる政治によって実現されるようになる転換点だ。代表制度は民主主義の制度としてどのように理論的に正当化されたのか。これらのテキストをとおして確認してみよう。

多元主義と代表制度

近代の国家において「人民による政治（popular government）」を実際に機能させるには代表制度が望ましいことを論じ、さらにその後の代表制度の擁護論に圧倒的な影響を及ぼしてきたのが、第四代合衆国大統領ジェイムズ・マディソンである。彼は大統領になる以前、合衆国憲法の批准を各州に促すために書かれた『ザ・フェデラリスト』に重要な論考をいくつも残している。そこには多くの政治学者たち、特に多元主義の研究者たちが現在でも立ち返る代表制度の基礎的考察が開陳されている。そこで、どのようにして、権力の源泉を人民に求める政治と代表制度とが結合することになったのか知るために、まずマディソンの議論を見ておこう。

『ザ・フェデラリスト』のテーマの一つは、権力の私物化による専制政治の防止にあった。このテーマに従って書かれたのが、マディソンの第一〇篇「派閥の弊害と連邦制による匡正《きょうせい》」だ。「人民による政治」において専制政治を生み出す致命的な病、派閥（faction）がそこで考察される。

そもそも派閥とは何か。マディソンによれば、それは他の市民の権利を侵害したり、社会の不変で共有の利益に反したりするような動機に基づいて行動する一定数の市民の集団を意味する。平たくいえば、現代のさまざまな利益団体だ。困ったことに、派閥は権力の私物化、そして専制政治の元凶となってしまう。このような派閥が存在するところでは、「人民による政治」は立ち行かなくなる。このためマディソンは、派閥の弊害を匡正するための二つの方法を検討している。

その一つが、派閥を生み出す原因を潰すことである。しかし、これはうまくはいかないと彼はいう。派閥は何より、自由と多様性という人間本性から発生する。さらに、この派閥は、私有を前提とした社会であるがゆえの事実、より詳しくいえば、財産を持つ者と持たざる者との間の利害における対立という赤裸々な社会的事実を反映しているに過ぎない。これらのため、派閥の原因を潰すことは、人間の本性とその社会的事実の双方を否定することになる。マディソンからすれば、それではうまくいくはずがない。なぜなら、それは現実的でないからだ。

とするならば、派閥の危険性を処理する方法として残されているのは、派閥の存在を認めた上で、それが生み出す悪影響をしっかりとコントロールすることである。そうすることで、「人民による政治の精神と形体とを保持しつつ、このような派閥の危険性から公共の善と私的な権利との安全をはかること」ができるかどうか、これが問題となる。ここで、派閥の活動の効果を打ち消すための方策として提案されるのが、代表制度――彼は代表制度によって統治された国家を共和国と呼ぶ――ということになる。

マディソンは代表制度の利点を際立たせるために、市民が政治に直接参加する古代アテナイの政治のあり方――彼はこれを直接民主政（pure democracy）と呼んでいる――と比較している。そこから出てくる代表制度の特徴のうち、次の二点が重要だ。選挙を経た少数精鋭の有能なエリート、すなわち選良による政治であるという点、そして広大な領域とより多くの人口を持つ国家に適用できるという点だ。これらの特徴によって代表制度は派閥の危険性を打ち消し、専制を防ぐことが可能となる。

マディソンによれば、選良としての代表者たちは、市民たち全員が集まって直接行う政治に比べ、より望ましい政治ができる。というのは、彼らは有能だからだ。それゆえ、国家の共有の利益が何であるかをより正確に理解した上で、私的な情念や利害関心に惑わされることのない決定ができる。こうして、代表制度では代表者がその有能さによって派閥の影響をコントロールしつつ、政治を行うことができるのだ。

また、市民が直接参加する政治は、面積や人口の小さな国家にしか適用できないのに対して、代表制度は巨大な国家においても十分機能する。各地域から選出された代表者たちが一か所に集まって政治を行えばよいからだ。しかも、代表制度の下では、人口が多い分、より有能な政治家が選出される可能性が高くなる。翻って言えば、能力の劣る市民が代表者になる可能性が小さくなる。ここからも、代表制度が優れていることが分かる。

しかし、エリートによる政治だけが、派閥の悪影響を打ち消す上で代表制度が有用であることの理由ではない。当然、国家が巨大化し人口が増大すればするほど、そこに包摂される党派や利害関心は多様化する。マディソンによれば、この多様性が一集団による専制を困難にする。なぜなら、党派が多様化すればするほど、各党派の影響力は限定されるため、国家全体を占有してしまうほど巨大で強力な集団は生まれにくくなるからである。

『ザ・フェデラリスト』第一〇篇は、都市国家ではなく、国民国家のような近代の巨大で多元的な国家を前提とした議論だ。そうした国家では、「人民による政治」を実行可能にするのは代表制度しかない。マディソンの議論はこのことを指摘している点でもちろん重要だ。しかし、彼はそこからさらに一歩前進する。

彼によれば、代表制度こそ近代国家の巨大さと複雑さに由来する利点を活《い》かすことができる。そして、そうであるからこそ、代表制度は近代国家での専制政治を予防することができるのだ。こうして、代表制度は、規模の問題に対応するための次善の策ではなく、古代の民主主義の制度上の限界を克服する鍵となったのである。マディソンが踏み出した新たな一歩の意味は、ここにあるといってよいだろう。

とはいえ、実際に存在する民主主義諸国の現状に鑑みれば、マディソンが擁護した代表制度は、彼の想定通りに機能しているとはいえない。彼の擁護した代表制度の構想に依拠するアメリカ合衆国の現状をはじめ、それは明白だ。

例えば、投票によって選出された代表者が本当に有能であるとか、私利私欲よりも共有の利害を優先しているとかを誰が信じているだろうか。ＯＥＣＤ（経済協力開発機構）の調査によれば、二〇一九年度の先進国の市民の政府への信頼はわずか四五％だった。これが実情なのだ。

また、代表制度の下で、社会における派閥の多様性が権力の私物化や専制を予防するというマディソンの多元主義も、残念ながら裏切られたといってよい。かつて「パワー・エリート」

と呼ばれたようなエリート集団が、アメリカのみならず多くの民主主義国の政策決定において支配的な影響力を行使していることは否定しようがない。私たちは党派が互いを抑制し合う多元的な社会には生きていないのだ。

さらに近年では、人種問題や環境問題に見られるように、社会内部の党派的対立が権力の均衡状態を作り出すどころか、安定した社会秩序を破壊しかねない紛争状態を招きつつある。この対立を利用して自らの権力を維持しようとしたのがトランプ前大統領であり、その他の民主主義諸国のポピュリストたちである。結局のところ、トランプ政権の誕生は、アメリカの民主主義、すなわち、マディソンが構想した代表制度に基づく「人民による政治」が、権力の私物化による専制政治をもはや阻止できない可能性を象徴的に示唆しているように思われる。

人民主権と代表制度

だからといって、代表制度はもはや現代の民主主義にとって意味のない制度だと結論づけるのは拙速に過ぎる。近代において代表制度は、何もマディソンらのアメリカの共和主義者たちだけによって擁護されたわけではない。新しい時代の政治制度として代表制度を強力に擁護した著名な人物をもう一人紹介しよう。それが、アメリカ独立革命に次いで、近代に民主主義を復活させたもう一つの革命、すなわち、フランス革命の中心にい続けたシィエスだ。

シィエスの『第三身分とは何か』は代表制民主主義の理論上の起源を探求する上で、何があっても外せないテキストだ。シィエスは、ルソーの人民主権論を受け継ぐことで、当時のアメリカの共和主義者たちが「権力の唯一の正統な源泉としての人民」という素朴な言葉で表現した民主主義の理解をより根源的に把握した。そして、この理解を代表制度によって実現する手立てを模索した。そこから生まれたのが『第三身分とは何か』というテキストだ。それは、人民主権から国民主権への発展の礎を打ち立てると同時に、憲法制定権力という概念によって民主主義的な立憲主義を基礎づけた近代政治思想の古典となっている。

もちろん、本章の議論で注目するのは、シィエスの議論に通底している代表の問題だ。例えば、国民を代表しうるのはいったい誰なのか、という問いとその答え――シィエスによれば、それが特権を持たない平民、すなわち第三身分である――が『第三身分とは何か』では繰り返されている。また、シィエスからすれば、人民主権にせよ、憲法制定権力にせよ、それらの概念は、代表制度なしには構想しえないものである。ここに、封建社会の代表制度を刷新し、民主主義の理念に接合することで、新たな時代に相応《ふさわ》しい制度へと転換しようとする試みをはっきりと見て取ることができる。

シィエスが代表制度をこれほど自明の前提とするのには理由がある。それは彼がアダム・スミスの分業論と商業社会論に強く影響されていたからだ。このため、代表制度は社会の分業化の帰結として理解されている。一方、『第三身分とは何か』では、三つの時期に分類される政治社会の発展史から、代表制度が説明される。第一期が、結合の意思はあるものの個人が孤立して存在する状態である。第二期は、人びとが結合し、共通の意思の下で共同体を構成し、自分たちで直接、権力を行使する状態である。いわば、アテナイのような古代の都市国家がそれに該当する。第三期は、共通意思が代表者によって行使される状態である。これは、代表制度によって権力が行使される近代の政治社会である。しかし、なぜ第二期から第三期への移行が起きたのか。それは、社会の構成員が増加し、広大な領土に居住するようになったからである。したがって、代表制度は都市国家に比べて人口が多く、広大な領土を持つ国家の統治には不可欠な制度だとシィエスが考えていたことが分かる。

巨大化した国家では、人びとが一か所に集まって直接政治を行うことができない。だから、代表制度は不可欠となる。こうした主張は、マディソンの議論と共通するありふれた見解だ。とするなら、『第三身分とは何か』の興味深い点はどこにあるのか。それは、このテキストにおいて、ルソーを経由して生まれた近代民主主義の根源的な概念――人民主権という概念――が、代表制度によって実現可能であると論じられた点にある。

ルソーが「一般意志」を用いて人民主権論を打ち立てたことについてはすでに論じた。人民主権とは、政治権力の究極の源泉が人民に存し、それゆえ、その行使は、人民に共有された意志ないし合意に基づかねばならないという考えだ。これが、近代の民主主義の根本概念を形成していることは誰もが認めるところである。しかし、ルソーの人民主権論を近代国家に適用することは、ひどく難しい。その理由は二つある。

一つは、主権の担い手である人民が、契約による国家の設立に参加したり、法を作るために民会に集まったりする具体的な存在を指している点である。もう一つが、人民に共有された意志や合意は、国家を構成する各市民によって直接表明されねばならないという点である。これらの点から、人民主権論は、古代アテナイのような小規模な都市国家にのみ適用可能な概念とならざるをえない。言い換えれば、この概念は、シィエスが生きたフランスのような巨大な国家――より正確には、国民国家――には適用することができないのだ。

シィエスがこの難点の解決策としたのが、代表制度である。彼の解決策では、ルソーの「一般意志」は無下に否定されることなく、国民に共有の意思（la volonté commune）という形で、代表者を通じて表明される。すなわち、この制度の下で国民が「一般意志」を表明し、それを行使する際、自らではなく代表者を介して行うのだ。

しかし、ここで注意すべきことがある。「一般意志」という概念を用いて人民主権論を打ち立てたルソーは『社会契約論』の中で代表制度を頑なに拒絶していたということだ。彼からすれば、ある人の意志はそもそも他人によって代表されえない。また、仮に代表されるようなことがあれば、その人は代表者の恣意的な意志の下に置かれることになる。だから、人民の意志としての「一般意志」も代表することができないし、されてはならない。もし無理やり「一般意志」が代表されてしまえば、その場合、人民は代表者によって支配され、その奴隷となってしまう。

これに対してシィエスは、そもそも巨大な国家の統治は代表制度でなければ不可能だという前提から出発する。その上で、代表者に権力の私物化を禁じ専制を防ぐために、きわめて現実的な対応策を提案する。これによっていわば、ルソーの危惧に対して配慮を示すわけだ。

その一つが、貴族や僧侶からなる特権階級を追放し、特権を持たない平民からなる第三身分を国民の代表とする議会改革である。議会が真の国民の代表者から構成されるなら、代表者は国民の利害や意思を裏切ることはないとシィエスは考えているようだ。

もう一つの対応策が、立憲主義制度の導入である。これについては少々説明が必要だろう。

シィエスの『第三身分とは何か』が、近代民主主義の古典テキストとなっているのは、繰り返しになるが、それが憲法制定権力という概念を提示したからだ。この憲法制定権力は代表者による権力の私物化に対する二つ目の防止策——第一の防止策は議会改革——、すなわち立憲主義に関わる。シィエスは代表者が権力を私物化しないよう、委任された権限の範囲を明確に規定する必要があるという。代表者の権限を明記し、その権力を拘束するために作られたのが、

「憲法（constitution）」に他ならない。憲法は代表制度の下で、代表者が国民の共有の意思の表明と行使を国民自身によって委任される際の条件を明記したものだ。それゆえに、当然、それは国民が自らの手で作らねばならない。また、それは委任された代表者に向けて書かれ、代表者を拘束するものであって、国民自体を拘束するものではありえない。シィエスは繰り返し言っている。「国民は、憲法に拘束されえない」と。ここに、国家権力を国民が作った憲法によって制約するという、現在私たちが理解している意味での立憲主義の概念、すなわち民主主義的立憲主義が表明されている。

　このような立憲主義の理解から、憲法制定権力という概念が導出される。それは、唯一憲法を定めることのできる権力であり、国民に固有の権利である。なぜなら、国民は「全てに先行して存在する」ものだからであり、憲法は国民の共有の意思からしか生じえないからである。したがって、立法府や行政府の代表者たちは、憲法の内容を変更したり、新たに作ったりすることはできない。憲法によって作られた組織が、その憲法を変更できるようになれば、必ずその組織によって国民の共有の意思は踏みにじられ、政治の私物化が生じることになるだろう。だから、憲法制定権力は国民だけが専有するものでなければならない。

『第三身分とは何か』で論じた憲法制定権力によって、民主主義的な立憲主義は堅固な基礎を手に入れることになった。これが近代の民主主義の歴史において決定的な一歩であったことは間違いない。

しかし、本章の関心からすると、最も重要なのは、シィエスがこの憲法制定権力までもが代表者によって行使されるとする点である。すなわち、立法府や行政府の代表者が国民の共有の意思に反して専制政治を行うことを防ぐための憲法の制定が、代表者によって行われるということだ。ここに、近代の民主主義と代表制度との最も核心的な結びつきを見ることができる。ルソーであれば、憲法を制定するための代表者が権力を私物化し、専制を敷く可能性があることを即座に指摘したであろう。代表者が国民の共通意思に従って憲法を作るという保証はどこにもないからだ。シィエスも同様の懸念を持つには持っている。しかし、その一方で、憲法の制約の下で立法を行う通常代表と国民に代わり憲法制定を行う特別代表を峻別《しゅんべつ》した上で、後者の任務と任期が限定されてさえいれば、権力の乱用を防ぐことができるとシィエスは考えているようだ。そればかりか、特別代表で表明される意思は国民の意思に等しいとまでいっている。これがどれほど説得的かはここでは不問に付す。というのは、『第三身分とは何か』において、憲法制定権力という究極の主権的権力の行使が代表者によって担われるとされていることに注目したいからだ。

『ザ・フェデラリスト』と『第三身分とは何か』という近代政治思想の古典的テキストは、近代に民主主義を復活させた二つの革命――アメリカ独立革命とフランス革命――の時代に、政治権力の私物化と専制政治とを防ぐ手段として代表制度を力強く正当化し、現代にも及ぶ影響を残した。民主主義とクジと輪番制との繋がりは忘れ去られ、代表制度が民主主義の制度として自明のものとなっていく近代民主主義の歴史において、これらのテキストは思想史上のモニュメントとしての地位を占めている。

もちろん、マディソンの場合と同様に、シィエスによる代表制度の擁護が現代にも通用するかといえば、肯定的に答えることは簡単ではない。代表者が国民共通の意思を代表しうるという主張を、これだけ複雑化した社会の現実を前にして支持することは不可能だという人も多いだろう。また、日本でも起きたように、立憲主義による箍《たが》は代表者たちによって外され、政治権力は容易に私物化されてしまう。つまり、代表制度は民主主義の理念を実現するために必要な機能を果たしえなくなっているのだ。

それにもかかわらず、代表制度を民主主義それ自体とする素朴な誤解は後を絶たない。そこまでいかなくても、民主主義の理念を実現するには代表制度だけで十分だとする見解は、いまだに広く受け入れられている。政治家や政党に対する信頼は低下の一途をたどり、選挙権を行使しない人がこれほど増えているにもかかわらず、そうなのだ。だとすれば、おそらく、そこには何かしらの理由があるはずだ。この謎を解くために、次に代表制度を民主主義の理念に奉仕させる実際の仕組みに焦点を当てることにする。

二　代表制度を民主化する

代表制民主主義とは、民主主義の理念を代表制度によって実現しようとする政治のあり方だ。しかし、繰り返し指摘したように、代表制度は民主主義ならびにその理念と何ら本来的な関係がない。そもそも代表制度は、封建社会という非民主主義的な社会においても活用された制度だ。だから、選挙によって選ばれた代表者たちから構成される議会があるなら、その国の政治は民主主義だというのは、端的に誤りといえる。これは私たちの常識的な知見からも明らかだ。例えば、中国にも選挙と議会がある。しかし、中国が権威主義国家であることに変わりはなく、私たちは民主主義国とは決して見なさない。

とはいえ、近代の民主主義は、代表制民主主義と呼ばれてきた。この事実は否定しがたい。代表制度が民主主義と結合し、その制度によって民主主義の理念を実現しようとした一連の試みが実際に存在してきたことは純然たる事実である。さらに、その試みがある程度、成功したことも確かだといえよう。

民主主義は、共有のものの私物化を禁じ、それによって専制政治を防ぐことを目的とする。では、どのような仕組みによって、代表制度はこれを実現しようとしたのか。言い換えれば、実際どのようにして代表制度は民主化されたのか。そして、その仕組みの下で、代表制度はどのような歴史をたどったのか。以下ではそれらについて検討しよう。

正統性と選挙

古代アテナイの市民たちは、権力の私物化を禁じ、反専制政治を実現するために、クジと輪番制という制度を採用した。それは、政治の専門化ないしエリート化こそ、それらの専制政治の元凶だということを彼らが経験していたからである。翻って言えば、民主主義の理念を実現するには、クジと輪番制によって政治権力を行使する上での平等を徹底することが最適だと知っていたからだ。誰もが政治権力を直接行使できれば、権力の私物化は難しくなる。これに対して、近代の民主主義は、専制政治に対抗する手段として、平等性を担保するクジという手続きではなく、代表者を選ぶ選挙という手続きを重視した。それはなぜなのか。ここでは、正統性という言葉に注目してその理由を考えてみる。

古代と近代の民主主義の差異の一つは、民主主義の理念を実現しようとする上で、前者が市民による政治権力の行使の平等性に依拠したのに対して、後者は、政治権力の行使に対する同意としての正統性に依拠した点にある。近代の民主主義が同意による権力の正統化に非常にこだわったわけを理解するには、その復活に大きく関わる近代市民革命の核心に何があったかを見る必要がある。

近代に民主主義を復活させた一八世紀の二つの革命、すなわち、アメリカ独立革命とフランス革命、そしてそれらに先行した一七世紀のイングランドでの二つの革命は一般に、市民革命と呼ばれる。これらの革命に共通する核心的なモットーは、ジョン・ロックの「本来、万人が自由平等独立であるから、何人も、自己の同意なしにこの状態を離れて他人の政治的権力に服従させられることはない」という有名な文にある。そこで言い表されているのは、「あらゆる権力の行使が唯一正統な形で行われるのは、それに従う者の同意がある場合のみである」という政治的正統性についての考えだ。

この考え方は、グロチウスやホッブズ、プーフェンドルフらに始まる近代自然法学派の下で社会契約論として発展してきた。この学派——実定法を超える普遍の法としての自然法を理性の法として世俗化＝非宗教化した——に多くを負うロックは、当時の絶対王政に正統性を付与した王権神授説を批判するために、この同意としての正統性を掲げた。

さらに、ルソーが政治権力の正統性に関する理解をさらに発展させる。彼は、唯一正統な権力の行使を人民の意志に基づかせることで、君主主権論に対抗する人民主権論を打ち立てたのだ。このように、近代の民主主義の始まりには、神とその代理人である国王ではなく、国家を構成する人間たちの間の同意に政治権力の源泉と正統性を見出《みいだ》そうとする理論と実践が活発化していた。そしてフランスでの市民革命だ。そこで、人民主権論は何より、権力を私物化し専制政治を敷いた国王に対抗する正統性のイデオロギーとして理解され、新たな政治体制の構築のための根本原理として用いられた。

このように、近代の民主主義の始まりには、同意による権力の正統化の問題があったことが見て取れる。また、それゆえ、近代の民主主義は、古代の民主主義のようにたんなる統治の形態——一人の支配＝君主政、少数の支配＝貴族政、多数の支配＝民主政——を意味するだけでなく、支配と被支配の関係を根拠づける規範——「誰が支配すべきか」「どうして服従すべきか」といった問いに対する回答になる——という意味を獲得することになったと説明できるのである。

それでは、正統性原理としての人民主権は、代表制度によってどのように具体化されようとしたのか。言い換えれば、代表制度は、どのような仕組みで政治権力を人民ないし国民の名において権威づけ、それによって、反専制政治を実現しようとしたのだろうか。

代表制度における政治権力の正統化は、国民が選んだ代表者が議会を構成し、そこでの議論を経た多数決によって法律を制定し、その法律に従って政治を行うという形をとる。教科書にも載っているような馴染みのある話であるものの、これが民主的な代表制度において政治的正統性が産出される本来の手続きであることに間違いない。

ここで注目すべき点は三つある。一つは、議会における多数派が共有のものとしての国民の意思を代表するのであって、それゆえ多数決による決定が国民に共通した意思に基づく決定と見なされている点だ。そのためには、代表者は国民によって直接選ばれ、信任を得る必要がある。これが第二の点になる。最後に、代表者たちから構成される議会で制定された非人格的な法律に従って政治が行われるという点である。ここに、不偏不党の法律による政治のコントロールという図式を見て取ることができる。すなわち、行政府に対する立法府の優越である。この最大の狙いは、政治権力を脱人格化することで、その私物化や恣意的な行使を未然に防ぐことにあった。

このような代表制度における政治権力の民主的な正統化は、しばしば議会主義と呼ばれてきた。日本国憲法では、第四一条での「国会は、国権の最高機関」という表現の中にそれを見出すこともできる。では、この議会主義は、どのように実現されるのか。この答えが、選挙によってというものだ。ここから、選挙こそ、代表制度と民主主義を繋ぐ制度上の結節点であり、この意味で、選挙は代表制民主主義を理解する上で鍵となる手続きだといえる。

代表制民主主義と選挙

繰り返しになるが、選挙それ自体が民主主義なのではない。民主主義の理念を実現する手段として存在する限りで、選挙は民主主義的であるに過ぎない。まず、歴史的に見て選挙は民主主義とは無関係なところで用いられてきた。例えば、ヨーロッパ世界において、それは古代から中世にかけてのキリスト教の教会の司教の選出において活用されてきた。もちろん、そうした近代以前の選挙は、現在の私たちが行っているような、投票者一人ひとりの選好を数えるという形をとらない。そうではなくて、信徒共同体の結びつきを確認するために、満場一致の喝采という形をとっていた。また、理論的な観点から見ても、選挙はある種の貴族主義と結びついてきたといえる。すでに参照した、マディソンにせよ、シィエスにせよ、民主主義が近代に復活したときに代表制度を擁護した人たちにとっても、一般の有権者とは異なったエリートによる統治を可能にする手続きとして選挙はきわめて重要であった。この意味で、選挙は近代以降も、一種の貴族主義を政治に温存する手段であったのだ（Manin 1997）。

そもそも、民主的な代表制度の下で選挙が持つ基本的な機能は何か。それは、議会において国民に共有された意思に従い法律を制定し、それに基づいて政治を行う国民の代表者を選出することである。しかし、近代において選挙が民主的な代表制度の手続きとしての機能を十分に果たすには、少なくとも次の二つの条件を満たす必要があった。一つは、平等に参政権が与えられること。もう一つが、選挙が定期的かつ頻繁に行われることである。

一つ目の参政権の平等という条件は、代表者を選出する投票権と代表者として選出される被選挙権との双方において、身分や財産、性別などによって差別されないことを意味する。この条件が選挙の民主主義化に必要な理由は、選挙で選出された代表者が、国民全体の代表者であり、それゆえ、その代表者たちが構成する議会での決定が国民に共有された意思の表明だとする想定ないし擬制を維持するのに不可欠だからである。参政権の平等は、選挙の貴族主義的性格を緩和させると同時に、人民主権という近代民主主義の原理を代表制度の下で維持するために必要な条件だったのである。

もう一つの条件が、選挙の定期的で頻繁な実施である。民主主義の選挙の一つの機能には、代表者を選出するという実際的な機能がある。それは、代表者が政治権力を行使することを有権者が許可し、信任を与えるという機能として説明できる。すなわち、委任の手続きとしての選挙だ。正統な政治権力の行使には被治者の同意と信任が不可欠だとした、絶対王政の時代の自然法学派の思想家たちでさえ、その多くが、そうした同意の表明は一度で十分であるとした。このため、彼らが定期的な信任の確認を求めることはなかった（Manin 1997）。これに対して、近代の民主主義の下では、信任を付与する委任手続きとしての選挙が定期的かつ頻繁に行われる必要がある。裏を返せば、代表者は、定期的かつ頻繁に有権者の審判を受ける必要があるということだ。これは、中世の命令委任から自由委任へ変化したことに関わる。とはいえ、定期的かつ頻繁な選挙は、代表者が政治権力を私物化しないよう有権者がコントロールせねばならないという民主主義の理念から要請される条件でもあることを忘れてはならない。

もちろん、これら二つの条件だけで、代表制度が民主主義の理念を実現できるわけではない。ロバート・ダールによれば、それらに加えて次のような条件を整える必要がある。表現の自由が保障されること。多様な情報源——新聞、雑誌、ネット——へのアクセスが可能であること。またこのすぐ後で触れるように、政党やその他の市民社会の団体が存在することなどだ。こうした条件がきわめて重要であることはいうまでもないが、選挙を民主主義に相応しいものにする上で、先の二つの条件はより根本的である。

ところで、「参政権の平等」と「定期的で頻繁な選挙」という二つの条件に関しては特筆すべき別の点がある。それは、二つの条件のどれを重視するかによって、選挙についての全く異なる理解を引き出すことができるということだ。

参政権の平等という条件を重視する立場からすると、選挙は、国民全体を代表する多数派の利害関心や意思の表明として理解され、その利害関心や意思によって代表者の政治権力の行使は正統化される。別のいい方をすれば、選挙によって表明された国民に共通な意思に従った政治を行わせることで、代表者による権力の私物化や専制を防ぐ。これは、正統性に関する実質的な理解と呼ぶことができるだろう。

定期的で頻繁な選挙という条件を重視する立場からすると、選挙は国民の利害関心や意思の表明というよりは、政治権力を行使してきた代表者の業績に照らして賞罰を与える機会として理解される。賞を与えるか罰を与えるかをめぐっての国民の審判によって、政治権力の行使が正統化されるのだ。換言すれば、この審判によって、特定の集団や代表者による権力の私物化や専制を防ぐ。これは、正統性に関する手続き的な理解と呼ぶことができる。

この相違から望ましい選挙制度も異なってくる。前者を重視する立場は、有権者の投票がより正確に議席数に反映される比例代表制を望ましいとする傾向にある。他方、後者を重視する立場は、死票が多く得票数と議席数が不釣り合いとなるが、政権交代が起きやすい（賞罰を与えやすい）とされる小選挙区制を好む傾向にある。

こうした違いはあるものの、国民の意思の表明という実質的な強い正統性と国民による審判という手続き的な弱い正統性という双方の理解には、明らかな共通点がある。それは、選挙が、権力の私物化による専制政治を防ぐ手段と見なされている点だ。このことが何より重要だ。すなわち、民主主義的な正統性を政治に供給することができる唯一の手続きが、誰もが参加でき、しかも定期的に行われる選挙だとして想定されてきたこと。それゆえ、選挙は代表制度によって民主主義の理念を実現する上での中心となる手続きだと想定されてきたということだ。

代表制民主主義と政党

代表制度が民主主義の理念を実現する手段として機能するには、民主的な選挙が必要であった。しかし、民主主義の歴史を振り返るなら、代表制度がより民主的になり、民主主義の理念をより良く実現するには、選挙に加えて、政党の存在が不可欠であったことが分かる。

現在の私たちの標準的な理解からすれば、選挙は政党を中心に行われるのであるから、当たり前の話に思えるかもしれない。とはいえ、民主主義の制度としての代表制度に政党が必要な理由については、しっかり確認しておいたほうがよい。なぜなら、現在、インフォメーション・テクノロジーの発展に伴い、政党に対する不要論がかつてないほど高まっているからだ。また、後で論じるように、現代の代表制度の危機は、この不要論の根拠となる政党の機能不全と密接に関わっているからでもある。

近代の代表制度における政党の最も重要な機能は、議会政治の中心的なアクターとしての役割にある。それは、立法を行う議会を形成し、運営していく上で基盤となる組織としての役割だ。

この機能に加え、一般には、政党には二つの主要な機能があるとされる。一つが、社会に存在する多様な利害関心や意見を収集・集約し、公的な政治制度、例えば議会や政府へと伝達することである。いわば、個人や社会と政治を繋ぐ媒介としての機能だ。もう一つが、複雑化した政策決定に関する情報を有権者に分かりやすく伝達すると同時に、社会において顕現化していない争点を創造し、有権者に提示する機能だ。それはたんなる媒介機能ではなく、有権者に対して能動的に働きかける政党の機能ともいえる。

もちろん、これらの機能を備えた政党が代表制度の始まりからすでに存在していたわけではない。選挙において参政権が徐々に拡大していったように、政党もそれらの機能を獲得しつつ変容する中で、徐々に民主主義の深化に貢献してきた。また、その一方で政党は、ますます巨大化し分業化が進む社会の中で、他の職能組織と同様に、官僚化・専門化していった。その結果、組織内部においても、そして組織の外部から見ても、有権者からかけ離れた非民主的な存在になっていった。

次節では、政党の変容に着目することで、民主化した代表制度の歴史を簡単に振り返ってみよう。

三　民主的な代表制度の変容

一般に、近代の民主主義の歴史は、代表制度の民主化の過程と軌を一にしている。だから、代表制度民主主義は、アメリカ独立革命やフランス革命によって一気に誕生したわけではない。一八世紀にその萌芽《ほうが》を見、紆余《うよ》曲折を経て、ようやく二〇世紀に完成する。いわば、代表制度につきまとうエリート主義臭を取り除き、民主主義に馴染むように改良する取り組みが二〇〇年がかりで行われたわけだ。その過程は、二つの方向性の下で進められた。一つが参政権、特に選挙権の拡大である。もう一つが、代表者の民主的性格の増大である。

第一の選挙権に関してはすでに触れたので、さらなる説明は必要ないであろう。選挙の貴族主義的性格を払拭し、代表制度の下での民主主義的正統性を高めるには、身分および財産による制限のみならず、人種や性別、思想・信条による制限を撤廃せねばならない。いわゆる普通選挙制だ。普通選挙制の導入は、代表制度を民主化する重要なプロセスだったのである。

第二の代表者の民主的性格は、政党に関係する。近代の代表制度の歴史を振り返るなら、代表制度の民主化を推し進めたのは、普通選挙制度だけではない。それは政党の民主化と不可分だといえる。すなわち、大衆政党の登場が、代表者の民主的性格を増大させることになったのだ。そこで、この大衆政党に焦点を当てながら、民主的な代表制度がどのように変容してきたのかを見てみよう。

名望家政党とエリート主義

大衆政党が誕生する以前の政党は、地元の名士や資産家といったいわゆる名望家からなる集団であった。この名望家政党が活躍するのは、財産による制限選挙が行われていた時代である。したがって、それは、およそ一九世紀に支配的な政党であった。

名望家政党の時代、代表者となるには財産が必要であった。また代表者は、必ずしも政治を職業としていなかった。他に収入源があったからだ。このため、政党は政治信条を同じくする自立した政治家たちが緩やかに結びついた集団として成立した。そこでの有権者との関係は、地元とのコネクションや業績、評判といった政治家個人への信頼によって基礎づけられていた。地元の顔役が政治家になるという事例を挙げれば分かりやすいだろう。翻って言えば、政治家と有権者とを結びつけたこの信頼は、政治家が特定の政治組織に属しているという理由で生じたわけではない。資産家であった有権者と同じ共同体に属する優れた人物が選挙をとおして代表者となる。だから、名望家政党の時代の代表制度は、必然的にエリート主義的性格を帯びることになった。

名望家政党の時代の代表者は彼個人の信頼に基礎を置き、政党もエリートたちの緩やかな集合体という形態をとっている。ここから派生するのが、何より代表者の自立性である。それは、支持者そして政党からの拘束の少なさを意味する。この自立性から、名望家政党の時代の代表制度の主要な二つの特徴が出てくる。

一つが、代表者の議会での役割だ。代表者は議会の外にすでに存在している有権者の意思や世論を伝達するのではなく、自らの良心に依拠して、社会に共有された利害のために自立的に判断を行うことを任務とする。また、この役割から代表者の地位は、有権者のスポークスマンではなくトラスティ（受託者）により近いものになる。これは、エドマンド・バークが有名な「ブリストル演説」の中で論じた議会の概念に等しいといえる（Manin 1997）。

もう一つは、名望家政党の時代の議会は熟議の議会であったということだ。議会が自立した代表者から構成されていたがゆえに、そこでは熟議をとおして合意に至ることが可能であったのだ。熟議の議会という理想は、労働者への選挙権の拡大を目前にした一九世紀後半に書かれたジョン・ステュアート・ミルのテキストにも依然として息づいている。彼は、議会を「意見議会（Congress of Opinion）」と呼び、その固有の仕事を「話しあいと討論」とした。ただ、こうした議会の理想的なイメージは、代表者の自立性に依拠している。それゆえ、名望家政党から大衆政党へと移行する中で、自立性が失われるのに伴い、その真実味を失っていくことになる。

大衆政党と代表制度の黄金期

代表制度が民主主義の理念を実現する上で最もうまく機能したのは、大衆政党の時代であった。当時の先進諸国においておよそそれは、一九世紀後半の誕生から一九七〇年代頃まで続いた。大衆政党が代表制度をうまく機能させることができたのは、大衆政党が名望家政党のエリート主義を払拭し、代表者の民主的性格を最も高めることになったからである。また、それが、先に指摘した社会と政治の媒介機能を最も発揮することができたからでもある。では、どのようにして、大衆政党はそうした性格を高めたり、機能を発揮したりすることができたのか。

大衆政党の誕生には、選挙権の拡大、より正確には、資産を持たない労働者への選挙権の拡大が必要であった。そもそも大衆政党は、人口において圧倒的な多数を占める労働者の政党を意味し、そこから、厳格に組織化された新たなタイプの政党が発展していった。大衆政党の組織上の特色は、党費を支払い、持続的に支援する党員によって財政的に支えられ、政党を運営する専従の職員と政治家を職業とする人びとから構成される点にある。したがって、政党はもはや地元の名望家の集まりではなく、党が掲げるイデオロギーと綱領の下に集い、党の規律に厳格に従う専門家集団という形態をとり始める。

一方で、有権者は政治家との個人的な繋がりではなく、自分が属する階級的利害関心や価値観を頼りに投票を行うようになる。それとともに、大衆政党は、社会に存在するクリーヴィジを代表する政治組織となっていく。そもそもクリーヴィジは、セイモア・マーティン・リプセットとシュタイン・ロッカンが政党システムを論じる際に用いた概念だ。それは、社会を諸集団に分断し、政治的対立を生み出す経済的・社会的・文化的「亀裂」を意味する。一般にクリーヴィジには、支配的文化／従属的文化、国家／教会、地主者階級／産業企業家階級、所有者・雇用者／労働者の四つの主要な基軸があるとされる。いずれにせよ、政党は、クリーヴィジに沿って組織されることで個人や社会と政治を繋ぐ媒介としての機能を積極的に果たすことが可能となる。

　名望家政党の時代の代表者と比較したとき、大衆政党の時代における代表者の特徴は、その自立性の欠如にある。まず、政党はクリーヴィジに沿って社会に深く根を下ろすと同時に、党員となった有権者と直接結びつく。その一方で、政党は代表者を厳格な党則の下に包摂する。こうして、代表者は政党からの自立性を失うことになった。そして、この自立性の欠如から、さらにいくつかの特徴が出てくる。ここでは特に重要な三点を挙げておく。

　第一の特徴が代表者と有権者の類似性である。名望家政党の時代とは異なり、大衆政党の時代の代表者は、その支持者である有権者に近しい存在であるべきであり、生活スタイルや信条において類似した存在であるべきだという理想が支配的であった。これは、名望家政党の時代の代表者＝エリートという理想とは大いに異なる。

もちろん、ロベルト・ミヒェルスの政党研究にあるように、実際の社会民主主義政党――当時の典型的な大衆政党――では幹部の貴族化、寡頭支配化が見られた。しかし、ミヒェルスのこの告発が当時論争を呼んだのも、類似性という理想が息づいていたからだともいえる（Manin 1997）。それはともかく、大衆政党の時代の到来によって、元来、代表制度および選挙に抜きがたく付着していた貴族主義的性格が少しずつ捨てられていった。

第二の特徴は、大衆政党の登場は、代表制度をきわめて安定的なものにしたということだ。この安定性は、有権者の投票行動の固定化に深く関わる。すでに触れたように、大衆政党の時代の投票行動は、政治家個人に投票するというよりは、クリーヴィジないし階級的利害を代表する政党に投票する。このため、有権者の投票先は、固定化されることになる。また、安定した投票行動は、政党を媒介にして社会に存在する対立や争点を議会において反映させることを容易にする。こうして、大衆政党の時代の議会は、革命という街頭での暴力的な対決に代わって、社会問題を平和的に解決する場となったのである。

その一方で、議会は自立した議員たちが熟議する場ではなく、政党間の妥協と取り引きの場となる。これが第三の特徴だ。大衆政党の代表者は、支持者である有権者のスポークスマンとなると同時に、自党の政策と規律に服することになる。いわゆる「党議拘束」だ。ここから、名望家政党の時代とは異なり、議会における個々の代表者の活動は厳しく制限される。これに対して、政党のリーダーには、他党との妥協や取り引きを行うために不可欠な自由が与えられることになった（Manin 1997）。

こうした大衆政党の時代こそ、代表制度が民主主義の制度として黄金期を迎えた時代であった。私たちがいまだに思い描く、社会における多数派の意見を反映する選挙、自己の利害が何であるかを知り、それに従って合理的に投票する有権者、社会を構成する諸階層を代表する政党といった代表制度のイメージ。それがこの時代のものというのは確かに正しい（待鳥二〇一八）。ただ、重要なことは、大衆政党の時代は、社会の変化とともに過ぎ去ったということだ。すなわち、このようなイメージに基づいた代表制度の理解は過去のものであり、そうした理解から現代の民主主義諸国の政治を見ることは、時代錯誤であるばかりか、誤謬《ごびゅう》の源になることを指摘しておこう。

政党の黄昏《たそがれ》と代表制度の行き詰まり

多くの民主主義国において大衆政党の時代は、一九七〇年代以降徐々に終わりを迎える。では、ポスト大衆政党の時代の代表制度はどのように変容したのであろうか。

ここでは本章の議論で頻繁に参照してきた、ベルナール・マナン『代表制統治の諸原理』に登場する「観衆民主主義」を手掛かりにして、ポスト大衆政党の時代の代表制度の特徴を検討してみよう。

一九七〇年代以降の民主主義諸国では、有権者と政党の間に明らかな変化が生まれる。大衆政党の時代に顕著であった双方の結びつきが弱まるのだ。まず、有権者の投票行動は不安定化すると同時に、特定の支持政党を持たない無党派層が増大し始める。政党の側からいえば、党費を払い政党を支えてきた党員が徐々に減少し始める。

マナンの観衆民主主義は、こうした表層的な現象の下で起きている代表制度の変容を説明している。彼がポスト大衆政党の時代の代表制度に対して「観衆」という比喩を使っているのは、有権者が受動的になる一方で、ますます自立的かつ能動的になっていく代表者、中でも、政党のリーダーないし政府の首長——議院内閣制なら首相、大統領制なら大統領に当たる——を中心に代表制度が運用されるようになったからである。すなわち、観客席で観覧する観衆としての有権者と、舞台上で演じる俳優としての政治家という構図だ。

ここで問題となるのが、有権者＝受動的／代表者＝能動的という関係がどのようにして生まれたのかということだ。大衆政党の時代では、政党は社会の内部にあらかじめ存在するクリーヴィジ——そこから生じる主要な政治的対立は、社会の富をいかに分配するかという経済的なものとなっていく——に沿いながら選挙における争点や政策を掲げる。これに対して有権者は、投票行動をとおして自らの属する階級の利害やイデオロギーを表明する。有権者には日常生活に根差す利害関心や意見を表出するという積極的な役割が与えられる一方、政党にはそれを議会へと伝達する媒介機能が与えられていた。

ポスト大衆政党の時代、すなわち一九七〇年代以降になると、社会におけるクリーヴィジは、経済から文化まで多元化すると同時に複雑に絡み合うことで、支配的な対立は不明瞭になってくる。いわゆる脱物質主義の時代が到来したことがその一因だ。これについては、第五章で詳しく論じる。

支配的な対立が見えにくくなる一方で、局地的な対立が顕著となるため、選挙においてフォーカスされるべき争点は、各有権者によって異なることになる。例えば、ある有権者は、ジェンダー問題といった文化的争点を、ある有権者は人口減少問題に関する社会的争点を、またある有権者は伝統的な所得の配分に関する経済的争点を選挙において重視するというように。

クリーヴィジの多元化の帰結が、政治家の能動性の増大であった。というのは、支配的ないし顕現化した対立が存在しないとなると、選挙においてどの争点を選択するかは、政党および特にそのリーダーの戦略と決断に依拠することになるからだ。選挙におけるイニシアティブは政治リーダーの手に渡る一方で、有権者は、選挙時に提示される争点や政策に対する態度を決めるよう迫られる。大衆政党の時代には、社会の富をどう配分するかが選挙における中心的な争点となっていたのに対して、ポスト大衆政党の時代の選挙の争点は、政治家によって恣意的に選択される傾向が高まるようになる。恣意的な選択といっても、その狙いは明確だ。無党派層の支持を取りつけて選挙に勝ち、政府の首長の座を獲得することである。ともかく、この結果、選挙の争点も有権者の投票行動も一貫性を欠いた不安定なものになっていった。

こうして、有権者は選挙において受動的な役割を引き受ける一方で、特に政党のリーダーとなる代表者は、きわめて能動的な役割を負うことになる。ここから、有権者が観衆化した時代の代表制度の特徴を二つ、引き出すことができる。

第一の特徴として、有権者は政党によって代表されるというよりは、代表者個人、特に政府の首長の座を目指す政党のリーダーによって代表されるようになる。そこでは、リーダーのパーソナリティ――誠実さや寛大さ、頼もしさなど――の重要性がきわめて高くなる。これに対して政党は、そうしたリーダーに仕え支える役割を担うようになる。実は、ここからきわめて重大な事態が起きる。議会を構成する政権政党が党のリーダーでもある政府の首長に従属するようになるのだ。この事態は、議会による政府のコントロールないし立法府の行政府に対する優越という近代の代表制度が依拠する政治権力のバランスが崩れ始めたことを意味する。

マナンによれば、政党のリーダーのパーソナリティが重視されるようになった要因は二つある。一つが、テレビなどのマスメディアの発達である。有権者は、疑似的な形であってもリーダーと対面し、そのパーソナリティに触れることが可能となった。また、ＳＮＳの発達した現代は、こうした機会をいっそう増やしている。もう一つの要因は、ポスト工業化社会の到来とグローバル化の進展に関連する。これらがもたらした日常生活における不確実性の高まりによって、代表者は想定外の事態に柔軟に対応し、その都度、適切な決定を行うことをますます求められるようになった。原理・原則やルーティンが役に立たないこうした事態が常態化したため、政治がリーダーの個人的な能力や性格、すなわちそのパーソナリティに対する依存度を高めることになったのである。新型コロナウイルスのパンデミックは、こうした政治の実情を際立たせる出来事であったといえるだろう。

政治リーダーのパーソナリティが重視されるにつれて、選挙の結果が政策の内容ではなく、候補者のイメージに大きく左右されるようになる。これが第二の特徴だ。いわゆる選挙の顔が政党の綱領や政策ではなく、政党を率いるリーダーになっているのは、有権者が政党というよりはリーダーとそのイメージを手掛かりに投票を行う傾向が強くなっているからだ。こうして、代表者は自らのイメージをいかに演出し、ライバルのイメージを操作するかが、選挙においても普段の政治活動においても、中心的なタスクとなる。

投票行動が政党の掲げる政策ではなく、あるいは有権者の利害関心でもなく、リーダーのイメージによって決定される事態は、有権者の側の都合からも説明できる。まず考慮すべきは、争点の多様化と政策内容の複雑化だ。現代日本の例を出すなら、現行の外国人労働者に関する政策内容――例えば、特定技能制度――を正確に理解している一般の有権者はほとんどいないだろう。また、複雑化した社会では、ある政策が有権者の生活に対してどんな効果や結果をもたらすかについての判断は非常に難しくなっている。例えば、消費税増税の経済や社会に対する影響を判断することは、専門家からしても簡単なことではない。まして、日々の生活に追われる有権者が、判断に困るのは当然だ。いずれも有権者にとって、投票先を決定する上での相当な負荷となっていることは間違いない。とするなら、投票行動に伴う認知上のコストを削減するために、代表者のイメージを利用することは、きわめて合理的な行為だといえる。

ポスト大衆政党の時代の政党や代表制度のあり方には、さまざまな呼び名がある。またそれに対する確定した理解や説明が存在するわけではない。しかし、そうだとしても、明確なことが一つある。それは、大衆政党の時代の終わりとともに、代表制度を民主主義の理念を実現する制度としてきたさまざまな想定が、通用しなくなっているということだ。簡単にいえば、民主的な代表制度を可能にした仕組みが機能しなくなっている。この結果、代表制度は、確かに現在も存在しているが、それはもはや民主主義の理念を実現するための手段としてではない、ということになる。このことは、ポスト大衆政党の時代の選挙がどのように行われているかを見れば、一目瞭然だ。最後にこの点をもう一度確認することで、本章を終えることにする。

代表制度の変容の帰結

近代の民主主義は、代表制度の下で、権力の私物化を禁じ専制政治に対抗するという元来の理念を達成しようとしてきた。その際、最も核心となる手続きが選挙であることはすでに論じた。この選挙が、参政権の平等の下で行われるという条件、そしてそれが定期的で頻繁に行われるという条件を満たしたとき、代表制度は、民主主義の制度として機能すると考えられてきた。すなわち、そうした条件が満たされたとき、選挙を中心にした代表制度は、反私物化と反専制政治を実現するとされてきたのだ。

もちろん、選挙が実際にどのようにして民主主義の理念を実現してきたかについては、一般の政治学においてさまざまな説明がなされている。その中でも現在では二つが有力だ。一つが、しばしば選好集約型(aggregative model)と呼ばれるもので、もう一つが業績評価型(retrospective model)と呼ばれるものだ。これらは選挙の全く異なる機能を説明してくれる。

選好集約型によれば、選挙は有権者が事前に持っている選好を表明する機会として説明される。これは、ルソー流の人民主権論にも適用することができる。その場合、事前に存在する個々の意思や利害関心を集計して、多数を決定することで社会の多数派による政治を実現する機会として選挙を説明することになる。本章での議論では、この選挙の理解は、「正統性に関する実質的な理解」と呼んだものに相当する。これに対して、業績評価型によれば、選挙は政権を担当した代表者の業績を評価し、審判を下す機会として説明される。本章ではこれを、「正統性に関する手続き的理解」と呼んだ。選挙はこれらの機能を果たすことで、代表制度が民主主義の理念を実現するはずであった。

しかし、代表制度を民主主義の制度にしてきた選挙は、ポスト大衆政党の時代にはこれら二つの機能をもはや果たせなくなっている。つまり、代表制度は民主主義の制度と呼ぶに値しないものになっている。とすれば、これは大問題だ。

そこで、そもそも選挙は、それらの機能を果たしていないことを示した、『現実主義者のための民主主義』というテキストに注目してみよう。このテキストの著者、クリストファー・H・アーヘンとラリー・M・バルテルスによれば、これらの二つの説明は、有権者の実際の投票行動を見る限り、端的に現実に即していない。シュンペーターがすでに批判していたように、そもそも有権者は認知上の制約のため、自らの利害関心やイデオロギーが何であるかを知ってはいない。それゆえ、自らの利害関心やイデオロギーに基づいて合理的に投票する有権者は存在しないのだ。

また、政権に審判を下すには、有権者が、その業績評価をある程度客観的にできる必要があるだろう。しかし、投票行動の調査によれば、有権者は政府の政策がいかなるものであり、そしてそれが自分たちにどのような影響を及ぼすものであったかを正確に理解し、適切に評価することはできていない。だから、有権者が賞罰を与えるべく投票したとしても、非常に曖昧で、時に誤ってさえいる判断に基づいて投票したことになる。これでは賞罰の意味がない。要するに、有権者は、選好集約型にせよ業績評価型にせよ、それらのモデルが想定している形で投票してはいないし、そもそもそれらのモデルが前提としているような能力を有していないのだ。とすれば、これまでの代表制度で想定されてきた有権者は、想像上の存在であって、現実には存在しない。ここから、代表制度の下での民主主義も、絵に描《か》いた餅に過ぎず、実在しないものだということになる。

こうした指摘は、代表制度の下で運用されている現代の民主主義にとって深刻な事態を暴露する。なぜなら、有権者の多数派の意思によって代表者とその権力行使を制約することもできていなければ、業績の評価によってもその制約ができていないことになるからだ。

本章では、ポスト大衆政党の時代の観衆化した民主主義において、有権者の投票行動は、代表者のパーソナリティやイメージに圧倒的に影響を受けることをすでに指摘した。しかし、そうなれば、選挙は、社会の利害関心を集約したり、政治リーダーを罰したりすることで、政治権力を行使する者たちをコントロールする機会ではないということになる。それは、ただひたすらに、アイドル的な人気投票か、有権者が自身のアイデンティティを表明し承認される機会でしかない。

これは『現実主義者のための民主主義』の著者たちが詳らかにしたことでもあった。すなわち、有権者は、自分が何者であるかを示す、「社会的アイデンティティ」に照らして自分に似ているリーダーを選ぼうとする。マッチョで外国人嫌いな白人の有権者は、そのようなイメージを持つ白人の代表者に投票し、環境保護に熱心で自らヴィーガンを実践するリベラルな有権者は同じくそのようなイメージをまとった代表者に投票する。社会に共有された意思とか自己の利害とかなどはお構いなく、またリーダーの業績にお構いなく投票するのだ。

話をまとめよう。ポスト大衆政党の時代においても、確かに有権者は代表者を選挙で選んでいる。しかし、代表制度を民主主義の制度として機能させるために必要不可欠だと想定された仕方では、代表者を選んでいない。代表制度の変容をとおして、それが民主主義の制度たりえなくなってしまったのだ。そうだとすれば、おそらく検討すべき問題は、その変容を引き起こした原因は何か、ということになろう。この原因を明らかにすれば、代表制度の行き詰まりが一時的なものではないことがはっきりする。またそれと同時に、代表制度の下での民主主義の未来について考えることができるに違いない。次章では、これらに関して検討を行う。

第五章　行き詰まる代表制度とポピュリズム

大衆政党の時代は、代表制度の黄金期である。黄金期とは、安定した政党政治の下で、代表制度が民主主義の理念を実現するための制度として最もよく機能した時代ということだ。それは、第二次世界大戦後から一九七〇年代までのヨーロッパや日本において観察された。

この黄金期を長いと見るか短いと見るかは、人によって異なるに違いない。しかし、近代の民主主義の歴史において、それがきわめて例外的な時期であったということは強調しておきたい。第四章で確認したように、その黄金期ははるか昔のことになってしまった。

しかし、話はここで終わらない。現在の代表制民主主義は、ポピュリズムという病に苛《さいな》まれている。その結果、代表制度は民主主義の理念を実現できなくなっているだけでなく、民主主義そのものを蝕み破壊する最大のリスクとなりつつあるように見える。

代表制度の黄金期は、権力の《私物化》を防ぎ、専制政治に対抗するという民主主義の理念との関連から理解されねばならない。その一方で、ポピュリズムとの関連からも説明できる。この場合、代表制度の黄金期とは、ポピュリズムの発症を抑え込むことができた時期ということになる。

本章では、ポピュリズムは選挙を中心にした代表制度の下での民主主義に固有の病状であるという理解から出発する。その症状は、権力の私物化として発現し、病が進行すれば、専制政治という形で民主主義は死を迎える。代表制度の黄金期には、このようなポピュリズムの発症を抑え込み、代表制度の下での民主主義が健康を維持することができていた。

そうだとするなら、その例外的ともいうべき時代はどのようにして可能となったのだろうか。これを説明するために、本章では代表制度の黄金期を支えた背景に着目する。代表制度は、第二次世界大戦後の福祉国家の下、政党政治が機能することで最も民主的なものとなった。これらの背景とは何であったのか。その答えこそ、工業化社会の発展とその完成であった。

一九七〇年代以降の日本を含めた先進諸国では、工業化社会からポスト工業化社会への漸進的な移行が始まる。それに伴い、代表制民主主義にとっての黄金期は終わりを迎える。先進諸国におけるポスト工業化は、グローバル化と新自由主義化の下で進んだが、その中で多くの民主主義国の代表制度は、大衆政党の時代に想定されていた機能を果たすことが困難となり、次第にポピュリズム化していくことになった。

ポスト工業化した民主主義諸国では、代表制度の病の発症を封じた諸条件が消失する。その結果、この病が再び猛威を振るい始めることになった。こうした現状の診断から、私物化を禁じ専制政治に対抗するという民主主義の理念を現代において実現するには、工業化社会を前提にしたこれまでの選挙中心の代表制ではもはや限界があること、したがって、ポスト工業化社会に対応した代表制度の改革が必要であることが示唆される。

一　民主的な代表制度の黄金期の諸条件とその消失

一般に政治学では、民主的代表制度の働きは次のように説明される。代表制度は社会に存在する集団間の対立を政党間の政治的対立に転換する。そうすることで、社会内部の紛争は内戦や革命などの暴力ではなく、普通選挙を出発点に、政党間の交渉と妥協、取り引きをとおして平和的に解決することが可能となる。選挙と政党。それらを基盤にした代表制度の理想的な働きに関連して、リプセットとロッカンは前章で参照した論文「クリヴィジ構造、政党制、有権者の連携関係」の中で政党システムの「凍結」について論じている。

政党システムの凍結を分かりやすく説明するなら、こうなる（待鳥二〇一八）。それは、政党間の中心的な対立が、社会内部のさまざまな対立の中でも、経済的な利害対立へと最終的に収斂し、それが長期的かつ安定的に持続する状況を意味する。その結果、政治の主要な争点が経済的な富の配分の問題に固定化されることになる。政党に関していえば、この対立は、自由主義政党ないし保守政党と呼ばれる雇用者の政党と、社会民主主義政党ないし革新政党と呼ばれる労働者の政党によって担われる。政治制度論からすると、これが代表制度の理想的な状態だ。

戦後の日本を例にとるなら、政党システムの凍結は、戦後五五年体制として実現される。そして、保守政党としての自由民主党と革新政党としての日本社会党が政権の座を求めて競争する中で、日本の政党政治は安定することになった。

政党システムの凍結は、おおよそ一九二〇年代に始まり、七〇年代頃まで続いたといわれている。特に、その時代のうち代表制度の黄金期に当たるのは、ドイツ、イタリア、そして日本という全体主義諸国が敗北した第二次世界大戦以降ということになる。その時代は、大衆化した政党間の政治がきわめて安定的に機能した結果、代表制度は民主主義の理念を実現する手段として機能を果たすことが可能となった。

そうだとするなら、この黄金期を支えた背景が何であったのか。その背景の下で、政党システムの凍結を可能にした条件、すなわち、経済的な富の配分を政治の主要な争点にさせた条件とは何であったのか。そして、背景の変化に伴いその条件はどのように喪失されていったのか。まずは、これらの問いを検討しよう。

戦後和解体制と福祉国家という条件

第二次世界大戦後の西側民主主義諸国では、資本主義の打倒を目指す社会主義革命を封じ込め、資本主義経済が生み出す貧困や失業などの社会問題を代表制度の下で民主的に解決していこうとする合意が形成される。革命を未然に防ぐための社会契約とも呼びうるこの合意は、社会内部に存在する自由主義陣営と社会民主主義陣営との間の合意であり、端的には、雇用者と労働者間の合意であった。この合意に基づいた第二次世界大戦後の西側諸国の政治体制は、しばしば「戦後和解体制」とも呼ばれた。戦後和解体制の下での代表制度では、当然のことながら、政党政治はきわめて安定的に機能すると同時に、政治の主要な争点は経済的な富の配分の問題に固定化されやすくなる（待鳥二〇一八）。こうして戦後和解体制は、西側民主主義諸国における代表制度の黄金期の形成に際しての必要不可欠な条件の一つであった。

この合意について少々詳しく見てみよう。一九世紀から二〇世紀にかけてのヨーロッパの多くの国々が抱えた課題は、資本主義経済が生み出す社会問題――失業と貧困、それに伴う道徳的退廃――をいかに解決するかであった。この課題が危急のものであったのは、革命に直結していたからだ。ヨーロッパ諸国では、膨大な数に及ぶ困窮した工場労働者が団結し、暴力によって資本主義経済を打倒することでその諸矛盾を一気に清算しようとする機運が抑えがたくなりつつあった。実際、一九一七年にはレーニンによるロシア革命が成功する。そんな革命を未然に防ぐべく発明されたのが、福祉国家であった。

福祉国家が社会問題をいかに統治したのかについては第一章で論じた。そのエッセンスは、国家が市場や家族などに積極的に介入し管理することによって、見知らぬ人びとの間の相互依存関係として把握された「社会的なもの」の安全を守ることを第一の使命とする点にある。ここから、福祉国家的統治の一般的な特徴が導き出される。

まず、福祉国家の下で暮らす人びとには、社会権を有する社会的市民――社会的なものの構成員としての市民――という法的地位が保障される。日本国憲法でいえば、生存権に始まり、教育を受ける権利、労働する権利などがこの社会権に当たる。次いで、この社会権に基づき、社会保険と社会福祉事業が国家の責任の下で制度化される。最後に、ケインズ主義だ。政府が自由競争を原則にするはずの市場に介入し、財やサービスの交換に対する規制をかけることで市場を管理調整する。介入と管理をとおして、人びとの生活の安全を守ると同時に、市場による社会の破壊を防ぐことを目的とした社会・経済政策。これが、ケインズ主義である。

こうした福祉国家の統治を実現させたのが、先に述べた「合意」であった。これによって、雇用者側が、政府の介入政策を是認する一方で、労働者側が革命を放棄し、資本主義市場経済の下での民主的な改革をとおして社会問題を解決する道を受け入れることになった。

戦後和解体制は、確固たる支持基盤を持ち、社会に根を下ろした政党と、政権交代によって社会の内部の紛争を平和裏に解決させることを可能にする選挙という二つの装置に支えられる。その下で福祉国家は、安定した統治を継続することができた。すなわち、自由主義政党と社会民主主義政党とが経済的な富をどのように配分するのかを争点に、定期的に行われる選挙によって政権の座を獲得するべく競争する。そして、選挙に勝った政党がその公約――雇用者や資産家の利害をより重視した政策か、労働者の利害をより重視する政策のいずれか――に基づいて福祉国家を運営する。要するに、これまで論じてきた黄金期は、戦後和解体制下での福祉国家を条件にして初めて実現された例外的な時期であった。

工業化社会という背景

こうして訪れた代表制度の黄金期も永続することはなかった。代表制度が民主主義の制度として想定された機能を失っていく事態をより根本的に把握するには、戦後和解体制の下での福祉国家という条件を生み出した、戦後の民主主義諸国における社会的・経済的背景を確認しておく必要がある。というのも、繰り返しになるが、現代の代表制度がもはや民主主義の理念を十分に実現しえないのは、たんなる偶然や一時的な現象ではなく、私たちの暮らす社会のあり方が変化したことによる必然的な帰結だからである。

先の議論では、日本やヨーロッパの民主主義諸国が戦後和解体制の下で福祉国家化したことが、代表制度の黄金期の条件であったことを指摘した。戦後和解体制の下での福祉国家は、民主主義諸国の工業化をとおして成立した。ここから、それらの国における工業化の成功が代表制度の黄金期の条件を生み出した背景であるといえる。

工業化社会は、産業革命を経た一九世紀のヨーロッパのいくつかの国で誕生した。交換と分業を中心とした一八世紀の商業社会――アダム・スミスが念頭に置いていた社会――に代わって登場した工業化社会では巨大な機械を用いた大規模な生産がその中心的な活動となった。都市に乱立する工場では、ベルトコンベヤーの前に立って単純労働に従事する多数の労働者が画一的な製品を大量に生産する。その一方で、労働者は、自らの労働をとおして獲得した賃金を元手に、他の労働者が生産した製品を消費することで生命を維持する。工場労働者による画一的で低価格な製品の大量生産と大量消費。フォーディズムとも呼ばれるこうした社会の工業化が成功する中で、かつてないほどの莫大《ばくだい》な富が蓄積される。またそれに併せて、人びとのライフスタイルや価値観は大きく変化していった。

工業化社会の最大の特徴は、一八世紀にヨーロッパやアメリカで開始された近代化によって不安定で脆弱《ぜいじゃく》になった人びとの生活を再び安定化させ、安全を提供した点にある。近代化が社会の自由化であると同時に「液状化」（バウマン二〇〇八）であったことを押さえておけば、このことはすんなり理解できる。

一九世紀以降、ユーラシアの東端に位置する日本も巻き込まれることになった近代化は、啓蒙主義を旗印に人びとを封建社会の諸制度や諸慣行から解放した。近代化の大波に飲み込まれた人びとは、封建社会の身分制度の抑圧や、生活の基盤となっていた土地や共同体の束縛から自由となり、不合理で蒙昧な価値観の桎梏《しっこく》から放たれた。この意味で、近代化は社会の自由化

（社会からの脱埋め込み）であった。

その一方で、急速な近代化は、身分や土地によるそれまでの保護を奪うことで人びとを根無し草的な存在にし、生活を不安定化させることにもなった。別のいい方をすれば、封建的な制度や慣行に埋め込まれていた人びとの生活は近代化によってむき出しとなり、確実性と安定性の欠如によってきわめて脆いものとなったわけだ。これは、近代化がもたらした最初の社会の液状化であった（第二の液状化については後述する）。

これに対して、一九世紀の後半以降の工業化の進展によって人びとは社会の内部に再び埋め込まれ始めると同時に、その生活を安定的なものにするための制度や慣行の確立など、さまざまな取り組みが行われた。その中心となったのが、福祉国家の形成に他ならない。要するに、代表制度の黄金期を生み出した条件は、液状化した社会を堅固な檻によって再度組織化し直そうとする、工業化社会の壮大なプロジェクトの産物だったのである。この点をもう少し詳細に見てみよう。

政党システムの凍結、そして第二次世界大戦後の労使間の和解が可能になるそもそもの前提が存在する。それは、社会が雇用者ないし経営者と労働者という二つの大集団によって形成されていること、さらに、主要な政治的対立がそれらの二つの集団の間で産出される富の配分をめぐるものになることである。この前提は、社会の工業化によってもたらされた。なぜなら、工場で機械とともに大量の画一的製品を製造する賃金労働者とそれを雇用する経営者とは、工業化社会の発展の中で初めて誕生した集団だからである。

もちろん、現実には工業化社会においても農業などの一次産業に従事する人びともいたし、職人、商人もいた。しかし、工場で働く賃金労働者の人口が増大すればするほど、そして社会の富の産出の中心が製造業になっていけばいくほど、社会が労働者と雇用者という二つの階級、ないし集団から構成され、政治の争点が双方の間の対立によって生じるという擬制が人びとの間に定着していくことになった。

こうして、かつて根無し草となった人びとは、再び労働者という集団として、工場を中心にした共同体に埋め込まれた。また、工業化社会の成熟の中で、政治の主要な役割は、民主的な政府を仲介役に、社会を二分する勢力の利害調整に収斂する。これらはいずれも、一八世紀以来の液状化した社会を再組織化するための企てとして説明することができる。

福祉国家は不安定で危険な社会を再組織化するために発明された最大の装置であった。社会の工業化の中で、この福祉国家が形成され運営されるための土台が生み出されていった。社会的自由主義といったイデオロギーや個人を責任ある主体へと行為を導く規律の諸テクニック、そして家族に介入し、管理するための具体的な法体系や行政指導などはその一例だ。ここでは、福祉国家の財政面に関わる土台にフォーカスしてみよう。

福祉国家を運営するには、増大する富、すなわち、経済成長を必要とする。これを理解するには、夜警国家と比べてみればよい。国内の治安と国外の安全保障を主な任務とする夜警国家に比べ、「ゆりかごから墓場まで」を理想として人びとの安全を保障せねばならない福祉国家には、膨大な財政的基盤が不可欠である。それを可能にしたのが、工業化の成功による経済成長であった。特に、第二次世界大戦後のヨーロッパや日本のような西側の工業化に邁進する国々では、労使間の和解と協調路線が確立され、その下でさらなる経済成長、すなわち高度経済成長が達成される。成熟していく工業化社会では、労働者はたんに大量生産を担うだけでなく、政府の支援の下での安定した雇用と伸び続ける賃金によって国内で生産された財を大量に消費する集団となる。ここに豊かになった労働者から成る中産階級が誕生する。工業化社会の成熟が産み落としたこの中産階級こそ、福祉国家の安定的な運営を支える中心となったのである。

日本の事例

これまで、代表制度の黄金期をもたらした条件について、戦後和解体制、福祉国家という二つのキーワードから論じた。そして、これらの条件が工業化社会を背景にして初めて可能となったことを概略的に指摘した。そこで、この関係性をより具体的に把握するために、日本の事例を見ておこう。

第二次世界大戦で焦土と化した日本が工業化を再開するきっかけとなったのは、一九五〇年に始まった朝鮮戦争だ。いわゆる朝鮮特需である。朝鮮戦争に参戦したアメリカ軍は、当時の日本企業に軍事物資などを大量に発注した。これによって日本の工業生産が再び活性化し、経済復興の足掛かりをつかむことになった。その後、安保闘争によって総辞職に追い込まれた岸内閣に代わり一九六〇年に誕生した池田内閣は、高度経済成長へと舵《かじ》を切った。そして、急速な工業化による経済成長は、一九七三年のオイルショックによる翌年のマイナス成長まで続いた。特に一九六〇年代の成長率は平均で一〇パーセントを超えることになった。

この高度経済成長期を経て、日本の工業化は完成に向かい、一九八〇年代にはそのピークに至る。そしてこれを背景に、日本型福祉国家は政府の支援の下、成長する中産階級によって支えられ円滑に機能することが可能となった。日本における代表制度の黄金期となった、いわゆる戦後五五年体制はこの工業化なしには成立しえなかったのである。

戦後五五年体制は、一九五五年、それまで分裂していた社会党が日本社会党として統合されるのを受けて、同年、民主党と自由党とが合流し自由民主党が誕生することから始まる。労働組合をバックにした社会民主主義陣営である社会党と、自由主義陣営の保守系政党の自民党との間で政権の座を求めて平和裏に競争が行われる。この安定した政党政治の下での代表制度――実質的には自民党の一党優位体制であったが――が、戦後五五年体制であった。すなわち、左右両政党はそれぞれの下部組織や団体をとおして社会に根を張り、有権者と固く結びつくことで、安定した支持基盤を保持した。その上で、増大し続ける富の分配を核心的な争点として競い合うことになった。

五五年体制の成立と発展は、他の民主主義諸国の代表制度の黄金期と同様に、社会の工業化を背景にした戦後和解体制と、その下での福祉国家を条件としていた。しかしそれと同時に、この五五年体制の下で自民党の政策は、雇用の安定を図り増大する社会の富の分配をとおして雇用者―労働者間の対立をコントロールし、工業化に伴うさまざまな社会問題――水俣病などの四大公害病がその一例だ――に対処しようとした。そうすることで福祉国家を支える中産階級を成長させることに大きく寄与したのであった。

もちろん、政治権力を独占し続けた自民党を中心に、この時代の政党政治の腐敗には凄《すさ》まじいものがあった。賄賂と汚職まみれの政治は、昭和の終わりに発覚したリクルート事件において絶頂を迎える。これを機に、五五年体制は一気に終焉へと向かい、昭和の時代の代表制度の本格的な改革が始まることになる。その改革の帰結が安倍政権による権力の私物化であったことはすでに論じた。それはさておき、ここで押さえておくべきことは、工業化社会として成熟していく日本でも、代表制度と福祉国家的統治は互いに手を取り、支え合っていたということ、そして工業化社会という背景は、現在の日本からはもはや消失してしまったということだ。

ポスト工業化社会への移行と代表制度の黄金期の終焉

工業化を成し遂げた多くの民主主義国は、一九七〇年代に端を発する不況をとおして、徐々にポスト工業化社会へと移行していく（日本でこの移行が本格的に始まるのは、一九九〇年代だ）。規格化された商品の大量生産を行う製造業中心の産業構造は、サービスや知識、情報を主体にしたいわゆる第三次産業を中心とする構造へと次第に転換されていった。グローバル化が急速に進む中、国内の大規模な工場の多くが、人件費の安価な周辺諸国へと移転し始めた。その一方で、ポスト工業化社会における消費行動はきわめて多様化していく。テクノロジーの進展が、少量多品種生産を可能にしたからだ。

一九八〇年代以降の、ポストモダンとも呼ばれたこの社会状況は、代表制民主主義に多大な影響を及ぼすことになる。すなわち、ポストモダンの下で民主主義の理念に対して代表制度を適合的な制度としていた諸条件は消失してしまったのだ。その結果、代表制度は、民主主義の制度として果たすべき機能の不全状態に陥ることになった。

まず、工業化社会からポスト工業化社会への転換において生じた変化を、個人と集団という二つの観点から見ておこう。この変化は、近代化による第二の社会の液状化と見なすことができるであろう。

ポスト工業化社会への転換の中で人びとは、脱物質主義と呼ばれるような価値観の個人化を再び経験することになる。工業化社会では、生命を維持するための不可欠な物質的、ないし経済的な価値が重視される傾向にあった。これに対し、物質的に豊かとなった社会では、たんなるモノやおカネをめぐる経済的な価値よりも、非物質主義的価値が相対的に重視され始める。例えば、人種やジェンダー、宗教、エコロジーといった社会的・文化的価値がそれに当たる。ポスト工業化社会に生きる人びとは、それぞれ独自な価値を頼りにしながら、自らのアイデンティティの承認に重きを置くようになる。こうして、ポスト工業化社会にすっかり浸透した脱物質主義は、人びとのアイデンティティを多様化させ、個人化させていった。それとともに、政治争点も、富の配分に関わる経済的な問題から、アイデンティティ・ポリティクスといった承認の問題へとその比重を変えていくことになった。

ポスト工業化社会への転換の中で生じたのが、工場という工業化社会の象徴的な場の衰退であった。この衰退から、ポスト工業化社会における集団の特徴を引き出すことができる。工場こそ、人びとを規律化し、共通のアイデンティティを付与することで、労働者という一大集団を誕生させた場であった。そして、そこで働く労働者こそ、工業化社会の中で生産と消費の中心を担った階層であった。また、労働者が形成する労働組合は、代表制度の黄金期を支えた政党政治において重要な役割を果たしていた。これに対して、いわゆる第三次産業を基幹とするポスト工業化社会への転換を迎えた多くの民主主義国では、国内の工場は後発の工業国への移転や、規模の縮小を強いられたりすることになった。この結果、労働者は次第に脱集団化され、人びとは再び個人化（脱埋め込み）された存在となっていく。それと同時に、労働組合は必然的にその規模と影響力を縮小していくこととなった。

ポスト工業化社会の個人化＝脱集団化の傾向は、一九八〇年代以降多くの民主主義国が採用した政策によって、歪《いびつ》な形でさらに加速させられる。その政策こそ、新自由主義であった。本書では、新自由主義が社会と政治の私物化を推し進めたことを論じた。その際、規制という言葉に言及しながら、新自由主義の統治の下で、政治が決断主義化したことにフォーカスし、そこから政治の私物化の原因を検討した。これに本章の議論を加味するなら、現代の代表制度はなぜ、政治が私物化されてしまう事態を止めることができないのか、その理由が新たな視点から見えてくる。

すでに論じたように、新自由主義は、福祉国家を解体するために、社会的な相互依存関係を破壊した。この結果、社会の網の目から解き放たれた人びとはますます脆弱でむき出しの存在になっていく。さらに、新自由主義は起業家精神を人びとに植えつけ、自己責任の下で選択の自由の最大化を目指した競争へと駆り立てる。その過程で、人びとは、個人化＝脱集団化されるだけでなく、分断され反目し合うことになった。つまり、新自由主義はポスト工業化社会の個人化＝脱集団化の傾向を歪《ゆが》め、敵対的な形で推し進めることになった。

傷つきバラバラになった人びとが反目し合う社会では、敵対する相手を殲滅することが容易に政治の目的とされる。そうなれば、政治権力は共有のものではなく、敵を打ち倒すためにあらゆる手段を用いて、私物化すべきものになり下がる。こうして、ポスト工業化社会への転換の中で、新自由主義化した国々では、政治権力の私物化に対する歯止めがきかなくなったとも考えられるのである。

これまでの話をまとめよう。

ポスト工業化社会への転換と新自由主義の導入は、代表制度の黄金期を支えた条件を消失させた。脱物質主義が広く浸透していくことで、代表制度の下での政治が解決すべき社会の主要な争点は、経済的な富の配分に収斂することなく多様化した。それは、政策を立案し実行する上で政府に対して過剰な負荷をかけることになり、「ガバナビリティの危機」を促した（ハンチントン、クロジエ、綿貫一九七六）。

工業化社会を支えた工場労働者の減少および労働組合の縮小は、社会民主主義政党を一方的に弱体化させ、社会内部の主要な対立を自由主義政党と社会民主主義政党との間で解決するという仕組みを破壊することになった。政党を支える党員の減少と無党派層の増大が示すように、ポスト工業化社会では、政党は人びとの日常生活との結びつきを弱めつつ、膨大な富を持つ個人や一部の利益集団の影響下に置かれる。と同時に、政党は執行権力を行使する政府の首長に従属するようになる。その結果、政党はもはや政治と社会との媒介機能を果たせなくなった。また、選挙は、政策によって政権政党を選択し、自らの属する集団の利害を実現する機会ではなく、政府の首長をそのパーソナリティを頼りに選択し、有権者自らの社会的アイデンティティを追認する機会となった。

代表制度を民主主義の制度として機能させていた条件が消失したのだから、代表制度がその機能を果たせなくなるのは必然のことであった。また、代表制度が民主主義の理念の実現を果たすのが困難になったのであるから、その帰結は、共有のものが私物化され、専制政治がはびこる時代の再来であることもまた避けられない。事実、この事態は、現在の民主主義諸国においてポピュリズムという形で出来《しゅったい》しているのである。

二　代表制度の行き詰まりと現代のポピュリズム

前章では民主的な代表制度の変容に関して論じた。その際、現代の代表制度を検討するために、ベルナール・マナンの「観衆民主主義」を参照した。本章の議論からすれば、観衆民主主義はポスト工業化社会における代表制度の一タイプとして説明できるだろう。

前章で詳述した通り、有権者の受動性と代表者の能動性という関係性を基盤にしたこのタイプの代表制度の特徴は、政策よりも政治リーダーのパーソナリティが重視される点にあった(Manin 1997)。ここから帰結するのが、選挙の形骸化である。選挙がアイドルの人気投票あるいは有権者のアイデンティティの承認の機会になってしまったのだ。選挙が、民主主義の理念を実現するための根幹となる手段であることを思い起こして欲しい。代表制度では選挙によって、権力の私物化や専制政治を防ぐことができると想定されていた。とするなら、選挙のこうした形骸化は民主主義にとって、非常に深刻な事態であることは間違いない。しかし、その深刻さは、観衆民主主義のようなポスト工業化社会の代表制度がポピュリズム化しやすいことを踏まえると、より実感をもって理解することができるだろう。

ポピュリズムあるいはポピュリストという言葉は、日本においてももはや聞きなれないものではなくなったように見える。ポピュリズムに関連する著作や翻訳が近年、多く出版されたかもしれない。しかし、その最大の理由はトランプ前大統領の誕生ではないだろうか。ポピュリズム、ポピュリストという言葉は、アメリカの政治を報道するメディアをとおして、人口に膾炙《かいしゃ》したように思われる。

その一方で、この言葉が具体的に何を意味するのかについては研究者の間でも多様な解釈が存在する。そして、それをどう評価するかについては明確な答えがあるわけでもない。こうした曖昧さが生じる理由の一端は、ポピュリズムと民主主義との区別のしにくさに由来する。ポピュリズムと呼ばれてきた政治運動では、それがどのようなものであろうと必ず、その語源であるピープル――ラテン語ではポプルス（populus）あるいはプレブス（plēbs）に当たる――、すなわち「人民」が言及されてきた。例えば、その運動では既成の政党や政治家、あるいは社会的・経済的エリートによって奪われた権力を本来のその所有者である人民に取り戻すというスローガンが掲げられる。ここから、ポピュリズムは、近代の民主主義の原理である、人民主権と不可分であることが分かる。より正確にいえばこうなる。ポピュリズムはその実態がどうであろうと、人民主権を看板にして初めてその正統性を獲得しうる。また、人民主権を原理とする民主主義が現実の政治制度として確立されていく過程には、ポピュリズム的な運動――草の根的な社会運動――が必ず存在していたのである。

とはいえ、ポピュリズムは人民主権や民主主義と結びつけて理解されてきただけではない。むしろ逆に、ポピュリズムは、民主主義の敵としても批判されてきた。それは、ピープル、すなわち人民という言葉が持ち続けているネガティブな意味と関係する。人民は、プラトン、アリストテレス、ギュスタヴ・ル・ボンやウォルター・リップマンにとってそうであったように、貧しく無知で情動的な群衆という意味で現在でも使用されることがある。ここから、ポピュリズムは、少数派の権利を蹂躙し、社会の多元性を破壊する多数者の暴政を招くだけでなく、さらには、カリスマ的なリーダーが専制政治を敷くための扇動的な運動として批判され続けてきた。ポピュリズムに対する理解や評価が両義的であるのは、現代でも変わらない。新たなデモス――古代ギリシアでは市民集団を意味する――という集合的なアイデンティティを作り出すことで民主主義を刷新する積極的な働きをポピュリズムに見出す議論から、多元的な社会の敵と見なす議論までさまざま存在するのが実情だ。

では、本書はポピュリズムをどう理解するのか。本章の冒頭部分でも触れた通り、ポピュリズムを選挙を中心にした代表制度の下での民主主義に固有の病状として理解するのが本書の立場である。すなわち、ポピュリズムは何より、代表制度との関連で理解されねばならないという立場だ。本節では、この立場をさらに掘り下げることで、ポピュリズムが興隆する条件が代表制度の機能不全にあることを詳しく説明する。

代表制度が機能不全に陥ることで、民主主義はポピュリズム化するとしよう。さらに本書では、これを民主主義の病的な状態だと見なす。ポピュリズムが民主主義の健康な状態であるなら、それを取り上げる必要はないはずだ。では、なぜポピュリズムは民主主義の病的な状態なのか。その理由は、それが民主主義そのものを破壊してしまう危険性を秘めているからだ。この破壊は、権力の私物化によって専制政治が出来することを意味する。すなわち、代表制度によって権力の私物化を防ぐことが不可能となり、ポピュリストが専制政治を行う危険が生じるということだ。権威主義体制を敷いた一九九〇年代ペルーのフジモリ政権は、その危険を端的に表している。

ただ、すべてのポピュリズム運動が民主主義を破壊するというわけではない。この点は繰り返し指摘しておこう。むしろ、人びとの生活に根差した草の根的な社会運動が民主主義を深化させてきたことは歴史の教えるところであり、ポピュリズムがそうした運動とも重なり合う点は多い。したがって、重要なことは、代表制度の下での民主主義において、ポピュリズムがどのような状況で発生し、どのようにして民主主義を破壊することになるのかを明確にすることである。しかし、その前に、ポピュリズムと代表制度との関連について押さえておこう。

一般にポピュリズムと呼ばれる運動には、共通の政策があるわけでもない。またその運動の担い手たちもさまざまで、そこにもはっきりとした共通点があるわけでもない。ポピュリズムは、時代背景や各社会に固有な文化的・政治的文脈に応じて、政策や担い手など、さまざまな形をとるようだ。つまり、それは文脈依存的な政治現象だということだ。このため近年では、ポピュリズムという政治現象にアプローチする際、そこで使用される言説に注目することが多い。

これらを押さえた上で、ポピュリズムのいくつかの特徴を指摘しておこう。

まず、人民主権的立場からなされる反エリート主義的主張だ。ポピュリズムの運動では、自分たちこそ「普通の人びと」の利益や意見を代表しているという言説が用いられる。ポピュリストは、この「普通の人びと」こそ、真の主権者であるという人民主権的なイデオロギーに訴えることで、自らの運動に正統性を与えようとする。この主張は裏を返せば、エリートに対する批判となる。したがって、ポピュリストは「普通の人びと」の側から、既存の政党や政治家あるいは官僚など、権力を行使する政治エリート、それに癒着する大企業の経営者などの経済的・社会的エリートに対して強烈な批判を繰り返し行う。既存の代表制度に巣くうこれらのエリートは、「普通の人びと」を犠牲にして権力を私物化する退廃した集団だという批判を浴びせかけるのだ。この特徴から、ポピュリズムは民主主義の一端を担う運動だと見なすことができる。しかしその一方で、大衆迎合的だとして批判することも可能となる。

次に、政治的手法に関する特徴だ。それは、敵対性、カリスマ性、直接性という形で説明できる。ポピュリズム運動において、既得権益を占有する腐敗したエリート集団、あるいは不当に優遇されるマイノリティ集団といった敵が作り出され、それを徹底的に叩《たた》き、実際に排除するという対決的な政治手法が常套《じょうとう》的に用いられる。その際、ポピュリストは、非常に強烈なカリスマとして登場し、巨大な悪と対決する英雄的役割を演じる。また、議会などでの代表者による熟議や妥協よりも民意を直接表出させるレファレンダム——住民投票や国民投票——などの直接民主主義的決定方法が好まれることもしばしばある。この特徴から、ポピュリズムは扇動的で排他主義的だとして危険視されることになる。

最後に、代表あるいは動員に関する特徴だ。ポピュリストは誰かを代表することによってポピュリストとなる。また、ポピュリズムは政治運動である以上、誰が動員されるのかが重要となる。その際、運動の中でどのようなメッセージが用いられ、ポピュリストはそれを誰に向けて語りかけるのかに注目するとよい。すでに指摘した通り、ポピュリストが代表者だと自認し、語りかけるのは「普通の人びと」であり、ポピュリズム運動に動員されるのも「普通の人びと」だ。ではこの「普通の人びと」とは、いったい誰なのか。それこそ、既存の政党に裏切られ見捨てられたことで、自分たちの代表者を持たない有権者だ。あるいは、自分たちの属する集団が小さいがゆえに、議会において本来の代表者を持ちえない、仮に持ったとしても議会で影響力を行使しえないような有権者だ。ポピュリストは、既存の政党政治において代表されない人びと、あるいは信頼してきた代表者に裏切られたと感じている人びとを支持基盤とする。

さらに、ポピュリストは、社会において分断され孤立しているがゆえに、権力を持ちえない諸集団を新たなスローガンの下に結集させることで、一つの巨大な集団を創造し、それによって自らの勢力の拡大を目指す。この特徴から、ポピュリズムは既成の代表制度に改革を促し、民主主義の深化に貢献しうる場合もあるといえる。

これらの多岐にわたる特徴からポピュリズムに対する評価は割れることになる。例えば、ラディカルな民主主義の系譜に立つ研究者ならば、ポピュリズムの人民主権的主張や直接民主主義的政治手法に着目することで、肯定的な評価を下すであろう。これに対して、リベラルな民主主義の側からすれば、ポピュリズムの大衆迎合的主張や排他的で反多元主義的な政治手法を危険視し、真っ向から否定するであろう。しかし、こうした評価ができるのは、あくまでもポピュリズムの特徴のいくつかにフォーカスすることによってである。その場合、ある立場の人からすれば、別の立場からのポピュリズム評価はただ恣意的に見えるだけである。だからこそ、それらの特徴に共通する土台が何かをしっかり見極める必要がある。そしてその土台こそが、代表制度であり、その機能不全なのだ。

ポピュリズムで使われる政治的主張や政治手法、動員のやり方を見れば、その根底に既存の代表制度に対する厳しい批判があることは確かだ。しかしそれだけではない。歴史がこれを実際に裏づけている。アメリカの一九世紀末の人民党（People's Party）からラテンアメリカ諸国のポピュリズム、一九八〇年代以降のヨーロッパの極右政党、そして現代の左派・右派による洗練されたポピュリズム――左派ポピュリズムの一例として、オキュパイ・ウォール街運動、右派ポピュリズムとしてはティーパーティー運動を挙げることができるだろう――に至るまで、ポピュリズムと呼ばれるさまざまな政治運動はそれぞれのやり方で、既存の代表制度へ異議を申し立ててきた。そして、実際、代表制度の変化や改革を促した事例もある。

しかし、なぜポピュリズムは、代表制度の機能不全から生じるのか。代表制度とポピュリズムの関連を掘り下げるには、この点が明確にされる必要がある。そのために、カール・マルクスによる代表制民主主義の考察を参照する。民主主義を代表制度によって実現しようとするから、民主主義はポピュリズム化し、さらには、民主主義が自己崩壊する危険を孕《はら》むことになる。マルクスのテキストを読むことで、このことをより鮮明に理解できる。

ポピュリズム化する民主主義のリスク

ここで取り上げるマルクスのテキストは、『ルイ・ボナパルトのブリュメール十八日』である。「すべての偉大な世界史的事実と世界史的人物はいわば二度現れる……一度は偉大な悲劇として、もう一度はみじめな笑劇として」という名句で始まるテキストだ。そこでは、一八四八年のフランス二月革命による第二共和政の樹立に始まり、議会内での政党間の抗争――マルクスによれば、それは階級闘争に他ならない――から、ルイ・ナポレオン大統領の誕生を経て、議会と政府との権力闘争の果てに、大統領のクーデターによる議会の制圧と独裁体制の樹立の過程が考察されている。

第二共和政から第二帝政へと至る歴史についての記述は、トクヴィルの『フランス二月革命の日々』をはじめ、さまざまある。その中からマルクスのテキストを取り上げるのは、ポピュリズムと代表制民主主義との関連を掘り下げたいからだ。その際、一つ注意が必要だ。それは、このテキストがロシアのナロードニキ運動やアメリカの人民党の登場する前に書かれたということ、したがって、ポピュリズムという言葉が生まれる前に書かれたということである。とはいえ、このテキストの読解をとおして、現代ならばポピュリストと呼ばれる政治家が、どのようにして代表制度の下で権力を私物化し、専制政治を敷くことができるようになるかを理解することができる。

代表制度は、代表される有権者と代表する政治家という関係なしには機能しえない。しかし、この関係があるために、代表制度は、必ず代表する者（政党・政治家）と代表される者（有権者）とのズレを抱えることになる。このズレを端緒にして代表制度は機能不全に陥る。その結果、専制政治を招くことにもなりかねない。ポピュリズムという言葉が生まれる以前ではあるものの、マルクスは代表制度固有のメカニズムに起因する機能不全から民主主義が自己崩壊する過程を詳述した。ここに、現代のポピュリズムの興隆の秘密を解き明かす鍵がある。

その鍵はこのテキストにある二つの論点にフォーカスすることで見えてくる。一つは、何が代表制度――この場合は、大統領ではなく議会――を破綻に追い込んだのかに関する論点。もう一つが、専制政治を敷くことになるポピュリスト――この場合は、大統領ルイ・ナポレオン――を誰が支持していたのかに関する論点である。

最初の論点に関して、マルクスが指摘しているのは、代表する者と代表される者とのズレの問題だ。代表制度には、代表する者と代表される者とは自同的関係にあるという、根源的な擬制がある。この擬制によって初めて代表制度は機能する。

すでに見たように、シィエスにおける第三身分の議論は、この擬制を基盤にした代表制度論の古典である。具体的には、有権者は自らの利害関心を代表する政党ないし政治家に投票し、政党ないし政治家は投票によって支持された有権者の利害関心を議会において実現するという擬制だ。代表制度が民主主義の理念を実現する手段として見なされてきたのはこの擬制が存在するからであり、この擬制なくしては国民主権という代表制民主主義の原理は成立しえない。「民意を反映する政治」という実にありふれた言葉でさえ、この擬制の上に成り立っている。

この擬制が最もよく通用し、擬制であることさえ忘れ去られたのが、代表制度の黄金期であった。

しかし、この擬制は、現実の代表制度によって否定され、消滅してしまうことがある。それが、代表する者と代表される者との間にズレが生じるときだ。

マルクスによれば、第二共和政の議会の崩壊の始まりは、そこが各政党の階級闘争の場となったからである。しかし、その崩壊を最終的に決定づけたのは、「代表する者と代表される者とが、互いに疎遠になり、もはや話が合わなくなった」事態、議会が、「議会という頭と国民という身体を結びつける筋肉を自分たち自身で両断した」事態である。すなわち、代表する者と代表される者との間のズレが誰の目にも明らかになった結果、そのズレによって代表制度の依拠する擬制が破綻し、効力を持たなくなったのだ。代表制度が依拠する擬制が消失した以上、それが機能することはありえない。

次に、ルイ・ナポレオンを誰が支持したのかという論点だ。誰が、大統領による権力の私物化を許し、専制政治を歓迎したのか。この問題も、代表する者と代表される者との関係に関わる。マルクスによれば、後に皇帝となる大統領ルイ・ナポレオンの支持基盤であり続けたのが、議会を構成する政党に自分たちの代表者を持たない有権者だった。当時のフランスでは、その中心が分割地農民である。保守的な農民層である分割地農民は、政党といった代表者をとおして自分たちとその利害関心を代表することができなかった。また、議会において自分たちの代表者を持ちえないがゆえに、そうした有権者は政府のリーダーによって、すなわち、大統領によって代表されねばならなかった。ここから、分割地農民はルイ・ナポレオンを支持し続けることになったのである。

政党を媒介にして議会に代表者を持ちえない有権者は、執行権力の首長——大統領であろうが、内閣総理大臣であろうが——によって代表されるようになるというマルクスの指摘は非常に興味深い。というのも、現代の民主主義諸国においてその事例をますます多く目にするようになっているからだ。しかし、ここでは、なぜ分割地農民は代表者を持ちえなかったのかが重要だ。マルクスによれば、理由はこうだ。彼らは、共通の利害関心を持っていたにもかかわらず、ローカルな関係のみで社会横断的な連帯を形成しえず、それゆえ、自分たちを一つの社会集団として組織化できなかったからだ。要するに、分割地農民は相互に孤立し、脱集団化されていたからこそ、彼らは、代表者を持ちえず、自分たちを議会において代表することができなかったのだ。

もちろん、フランス第二共和政における代表制度は、きわめて未成熟であった。ポピュリズムという言葉さえ存在しなかった。代表制度はその後、全体主義の時代を乗り越え、第二次世界大戦後、黄金期を迎える。この黄金期において、代表制度は、マルクスが指摘したような代表制度に内在する脆弱性、すなわち、代表する者と代表される者とのズレや代表者を持たない有権者といった問題を可能な限り封じ込めることに成功した。

しかし現在、その黄金期を支えた条件、その条件を生み出した背景は消えてしまった。それに伴い、代表制度の脆弱性が噴出し始めたのだ。再び、代表する者と代表される者とが互いに疎遠になり、代表の自同性という擬制は霧散してしまった。その結果、代表制度は機能しなくなった。こうして、ポピュリズムが猛威を振るうことになったのだ。そして、それを支えているのが、ポスト工業化社会の中で、孤立し脱集団化された有権者たちに他ならない。それらの人びとはもはや既存の政党や政治家には代表されない有権者であり、その時々の風によって浮遊する無党派の有権者なのだ。

現代の民主主義諸国で、マルクスの考察した代表制度の自己崩壊が再び繰り返されている。一九三〇年代の全体主義の時代における一度目の反復が悲劇的であったとするなら、現代は喜劇的といえそうだ。確かに、現代を代表するポピュリスト、トランプ前大統領の立ち振る舞いを思い起こせば、これに納得する人も少なくはないように思われる。

それはともかく、代表制度の黄金期を支えた条件が消失したポスト工業化社会では、代表制民主主義——それを観衆民主主義と呼ぼうが、ポスト・デモクラシー（クラウチ二〇〇七）と呼ぼうが、あるいは別の呼び方をしようが——は、ポピュリズム化し、ついには専制化する危険を大いに孕んでいるということだ。とすれば、次に検討すべき課題は、おのずと明らかになる。

すなわち、民主主義の専制化を抑え込むには何ができるのか、という課題だ。

ポピュリズムか中国モデルか、それとも……

現在、多くの民主主義国で暮らす人びとが目撃しているのは、一八世紀以来、代表制度が反専制という民主主義の理念を実現するために整備した、代表者たちをコントロールするさまざまな手段が意図的に骨抜きにされたり、あるいは、社会のあり方の変化によって通用しなくなったりしている状況だ。もはや憲法によっても、政党の競争によっても、定期的な選挙によっても代表者による権力の私物化を防ぎ、専制の芽を摘むことは難しくなっている。

本章では、一九七〇年代以降、多くの西側民主主義国が経験した工業化社会からポスト工業化社会への転換という社会の根本的な変容に着目することで、こうした状況を説明してきた。それは、たんに社会学的な視点から代表制度の機能不全を指摘する試みであっただけでなく、いわば、再帰的な視点——近代化の深まりによって、近代の価値観や諸制度がその根拠を問い直され、掘り崩されるという視点——からの代表制度の機能不全を考察する試みでもあった。

もちろん、代表制度の行き詰まりという現状の説明は、別の仕方でも可能である。例えば、政治権力の変質、具体的には、立法権力に対する行政権力の自立性と優位性の増大、あるいは、民主主義の「大統領制化」（ロザンヴァロン二〇二〇）という視点からの説明も説得的であることは間違いない。

しかし、どのような視点に立とうとも、現行の代表制度が、民主主義の制度としてかつて想定されていた機能を果たしているかと問われて肯定的に答えることはできないだろうし、民主主義をどう定義しようとも、現行の代表制度が民主主義の深化に貢献しているかと問われて肯定的に答えることはできないだろう。

代表制度の現状が変わらないとするなら、民主主義の将来はどうなるだろうか。二つの道が民主主義の前には開かれているように思われる。第一は、代表制度が改革されないまま、民主主義が終焉を迎えるという道だ。第二は、代表制度を改革することで民主主義を再生するという道だ。

終焉は二つのシナリオの下で生じることが推測できる。第一のシナリオは、ポピュリストによる穏やかな専制政治である。ただ、専制政治といっても、定期的に選挙は行われるであろうし、野党は合法的に活動できるであろうし、基本的人権も表面的には保護されるであろう。これらの点で、穏やかといえる。しかし、その裏では、マスメディアの統制、治安当局による反政府運動の妨害、政府による立法および司法の支配、敵と名指しされたマイノリティへの社会的排除の黙認、立憲主義などの民主主義を守るための暗黙のルールの破壊が進むであろう。すなわち、ポピュリズム化した民主主義国は、プーチン大統領が支配する現在のロシアのような、権威主義体制の様相を呈することになるであろう。

もう一つのシナリオが、本書の前半で議論した中国化である。すなわち、エリート主義をより徹底することによる政治のメリトクラシー化だ。中国モデルを採用した国々では、安全と豊かさのためであったら、自由は犠牲にされる。しかし、何より重要なことは、政治の正統性が、そうした安全と豊かさをもたらす統治者の有能さに求められる、ということだ。ポピュリストの個性や扇動的な政治手法とは異なり、数々の厳しい試験をパスし、有能なライバル同士の激しい競争に打ち勝った政治家の能力が可能にする、安全で豊かな生活を人びとはそこで享受するのだ。

ポピュリズム化した民主主義の下で暮らす人びとが、中国化を求める機運はますます強まるだろう。そこには二つの明白な理由がある。一つはすでに論じた通り、多くの民主主義国に蔓延している民主主義への失望や懐疑のためだ。

もう一つの理由は、ポピュリストによる権威主義的統治とメリトクラシーに基づく中国的統治を比較した場合に明らかになる（プーチンのロシアと習近平の中国とを念頭におけばよい）。すなわち、ポピュリストの統治には重大な欠点があるため、それよりも中国モデルが望ましいと見なされる可能性が高いのだ。その欠点とは、カリスマのあるリーダーその人に依拠するがゆえに、そうしたリーダーを欠いた場合には統治の安定性や継続性が保証されないことにある。

これに対して、中国モデルは、業績や能力に応じたリーダーの選抜が制度化されている。つまり、稀代《きだい》の一人の政治家に頼らなくて済むのだ。中国モデルはこの点でポピュリストによる権威主義的統治よりも優れているといえる。ここから、ポピュリズム化した民主主義に辟易《へきえき》した人びとは、ロシアのような権威主義体制よりも有能なリーダーを安定的に供給しうる中国モデルに誘惑されやすいことが予測される。だとすれば、代表制度の機能不全によってポピュリスト化を免れない現状において、私たちは、中国モデルを受け入れていく選択肢以外はないのだろうか。

この問いを検討する上でまず考慮すべきは、中国モデルによる統治の下で暮らしていくことには大きなリスクがあるということだ。中国モデルにも次のような決定的な欠陥がある。

高い能力や業績が良い統治――中国モデルでは、安全と豊かさ――を必ずもたらすとは限らない。すなわち、統治の失敗は常に生じうる。歴史が教えてくれる最も確かな教訓だ。もちろん、中国モデルでもそこまでは想定されている。その場合、エリート間の競争によって新たに選抜された有能なリーダーがその失敗を補い、より良き統治をもたらすことになる。これが、メリトクラシーの制度上の仕組みだ。

しかし、有能なリーダーだからといって、権力を私物化し専制を敷くことがないとは限らない。中国モデルにおいて一旦、権力が私物化されると、メリトクラシーの最大の強みである、能力に基づく競争と選抜という仕組みが骨抜きにされ、機能しなくなることが予測できる。そうなってしまえば、メリトクラシーの下での統治の失敗は放置され、もはや改善不可能になる。なぜなら、中国モデルでは民主主義とは異なり、統治の失敗によって最も割を食う国民が、政治に直接関与し実際に影響力を行使する手続きが制度上確保されていないからだ。国民自身が失敗を犯したリーダーを罰し、新たなリーダーを選ぶ実効的な手続きや手段がないのだ。ここに、中国モデルの最大の欠陥がある。メリトクラシーが機能不全に陥った際に、それを外部——被統治者の側——から平和裏に矯正する実効的な制度が存在しないという欠陥だ。だからこそ、何としても第二の道である民主主義の再生の道を模索する必要が出てくるのである。

この道にも二つのシナリオが存在する。一つが、ポピュリズム化の進展が、代表制度の改革を促すというシナリオだ。具体的には、ポピュリズム政党が党組織や有権者の結びつきにおいて新たなモデルを提示することで、他の政党に変化を促す。そしてそれが政党システムの内部から代表制度の改革を生み出すというシナリオだ。一例として現代の研究者たちが注目を寄せているのが、スペインの左派ポピュリズム政党であるポデモス（Podemos）である。

ポデモスは、リーマンショック後の緊縮財政に反対するM15運動——二〇一一年の三月一五日に始まったことに由来する——という街頭での社会運動から生まれ、そこで編み出された理念を党の基盤に据えている。開かれた参加と熟議を基盤とした党組織や運営方法、クラウドファンディングも利用した財政基盤は政党の新たなモデルを確立し、代表制度を内部から改革する可能性を秘めている。とはいえ、このシナリオには留意すべき点がある。それは、政党の自己変容による代表制度の改革には紆余曲折が予想され、時間が非常にかかるという点、さらには、この改革が成功するとは限らないという点だ。

残されたシナリオは、政党の自己変容に直接依拠することのない、代表制度の改革による民主主義の再生である。この改革の方法にはどのようなものがあるのか。本書では、もう一章分の議論を費やしてこちらのシナリオを検討する。私たちの自由に不可欠な共有のものを私物化から守り、自由に対する最大の脅威である専制政治に対抗する民主主義の理念から見た場合、代表制度はどう改革されるべきかについて、具体的な事例をもとに考えてみよう。

第六章　代表制度の改革

現代の民主主義諸国では、代表制度が正常に機能していない。正常にというのは、代表制度が民主主義の制度として求められる機能を果たすことができていないということだ。そればかりか、今後もそれは正常には機能しえない。もちろん、日本も例外ではない。これが前章の結論であった。

現代の代表制度が機能不全に陥っていることを赤裸々に物語っているのが、代表者の中でも、政府を構成する政治家――大統領もしくは首相に当たる――による政治権力の《私物化》である。

そもそも近代に復活した民主主義では、政治権力の私物化を禁じ、自由を蹂躙する専制に対抗する手段として代表制度が導入された。もちろん、それ以外にも法の支配や三権分立などが存在してきた。しかし、代表制度こそ、民主主義の理念を実現する上での基幹となる制度であったことは間違いない。国民によって直接選挙で選ばれた代表者からなる立法府、すなわち議会が法律や憲法を制定し、それによって、執行権力の担い手である行政府をコントロールする。これが、その制度の核心となる構想だ。

この構想を「立法権の優越と執行権の権利否定」と説明する人もいれば、端的に「議会主義」と呼ぶ人もいるだろう。しかし、いずれにせよ、この核心的な構想によれば、代表制度が民主主義の制度として機能するには、社会にしっかりと根を張った大衆政党と定期的に行われる民主的な選挙が不可欠となる。

これに対して本書では以下の二つの事態を繰り返し指摘してきた。一つは、現代の多くの民主主義国において、政党が多くの有権者との結びつきを失い、社会の諸集団を代表する機能を喪失したこと。もう一つは、定期的に実施されてはいるものの、選挙は社会の多数派に共有された意思を表明したり、時の政権の業績を評価したりする機会ではなくなったことだ。これら二つの事態が進む一方で、現代の政党は、強大な権力を有する一部の利益団体や富裕層との結びつきを強めつつ、執行権力を行使する政府に従属するようになっている。また、現代の選挙は、セルフ・ブランディングが巧みな政治家の人気投票か、あるいは有権者が自身のアイデンティティを追認する行為になっている。この結果、代表制度は、民主主義の制度として要請される機能を果たすことができなくなってしまった。

前章では、こうした事態が出来した根源的な背景を検討した。その背景こそ、現在の主要な民主主義諸国における社会の変化、すなわち工業化社会からポスト工業化社会への転換であった。そこでの議論によれば、工業化社会は、代表制度が機能するための条件を用意した。しかし、一九七〇年代以降、徐々に進んだポスト工業化の中で多くの民主主義国は、代表制度が民主主義の制度として機能する条件を喪失し、その形骸化は誰の目にも明らかとなった。それに伴い、不確実で安全を欠いた世界の中で各国の政府はいま、民主的なコントロールから自由になることを公然と欲し、また確実に自由になりつつあるというわけだ。

しかし、この現状を前にして、驚いたり怯《ひる》んだりする必要はない。なぜなら、私たちは代表制度が本来の姿を現しつつあるのを目の当たりにしているに過ぎないのだから。その姿とは、政治エリートによる大衆支配だ。民主主義の理念から切り離されてしまえば、代表制度などは少数のエリートによる多数者の支配という寡頭政治を支えるのに相応しいやり方なのだ。このことを思い起こせば、代表制度に対するルソーの酷評を繰り返す必要はないだろう。代表制度はいまや、民主主義の理念を妨げる手段に、エリートが権力を私物化し専制を敷くための手段になり下がったようにさえ見える。

代表制度の改革に対する理論と実践は、こうした現状を打破するために要請される。しかしそれと同時に、代表制度の改革は、民主主義に対するオルタナティブとなった中国モデルの誘惑に対する喫緊かつ実行可能な対抗策になるとも考えられる。人びとが中国モデルに誘惑される原因の一つに現在の民主主義への疑念や失望があり、それらの疑念や失望は代表制度の堕落に由来する。だから、代表制度を改革することは、中国モデルの誘惑に対抗するための最も現実的な取り組みとなる。

そこで、本章では、現在世界中で実際に行われている民主主義のイノベーションにフォーカスする。それらはすでに多くの専門書ばかりか、一般向けの本でも参照されている（ヴァン・レイブルック二〇一九）。そこからポスト工業化社会に適合した形で、代表制度を民主主義の制度として復活させる道筋を検討する。したがって、以下の議論では、現行の代表制度を全廃するべしというような思い切った提案はしない。それは、代表制度なしの民主主義が非現実的だというよりは、代表制度には参加のコストを削減する上で、あるいは市民の意思決定の正統性を高める上でいまだに存在意義があるからだ。こうして、今後の議論のポイントは、代表者たち――特に、政府として権力を行使する代表者――による政治権力の私物化を許さず、専制の芽を摘むための方法を探し出すこと、そしてそれを代表制度に接続することにある。

一　代表制度改革の方向性

代表制度の改革の狙いは、代表制度を再び民主主義の理念に奉仕する制度に作り直すことにある。では、その改革の手掛かりはどこにあるのだろうか。ここでは、シュンペーターの民主主義モデルを検討することから始めよう。

シュンペーターが提起した民主主義モデルは、しばしば「競争的民主主義」（シャピロ二〇一〇）と呼ばれてきた。しかし、その内実は、政治エリートによる寡頭的支配を実現するための代表制度の構想という点にある。

実のところ、現代の代表制民主主義は、シュンペーターのモデルにますます似通ってきているように見える。民主主義の理念から切り離され、執行権力を行使する代表者が民主的なコントロールから自立しつつあるからだ。そこで、彼のモデルを参照することで現代の代表制度に欠けているものがいったい何であるかを類推してみたい。

シュンペーターのモデルを簡単に説明してみよう。それは、まず、ルソー的な民主主義理論、すなわち、ある政治体に共有された利益としての「公益」――ルソーの一般意志であり、規範的な政治学ではしばしばそれは共通善とも呼ばれる――を想定する古典的民主主義学説を否定することから出発する。公益なるものは、そもそも存在しない。仮に存在したとしても、それを発見し表明する方法などないし、有権者もその表明に必要な自立性や能力、技量を持ち合わせていないとシュンペーターは指摘する。だとしたら、公益にせよ、一般意志にせよ、存在しえないものに依拠する古典的民主主義学説など、机上の空論にすぎないことになる。このように古典的民主主義学説を退けた上で提示されるモデルが、政治決定を行う上でのリーダーシップを獲得するために、代表者たちが有権者の支持を求めて行う「競争的闘争」というものである。ここに表れているのは、競争こそ民主主義の本質だという理解だ。

さらに、このモデルの核心には支持を求めての競争がある以上、その具体的な手続きは選挙ということになる。ここから、シュンペーターが民主主義を代表制度と同一視していることもおのずと分かる。なぜなら、選挙とは代表制度を構成する一手続きだからだ。むろん、代表制度と民主主義との間には何ら本来的な関係がないことは本書で繰り返し指摘してきた通りだ。

シュンペーターは民主主義の本質を競争と見なすことで、民主主義を有権者が信任もしくは不信任を表明する選挙の機能に切り詰めてしまう。本書で掲げた民主主義の理念から見た場合、こうしたモデルの最大の問題は、政治エリートによる政治権力の私物化や専制の可能性を防ぐことができるかどうかにある。

もちろん、この問いに対する回答は否定的なものとならざるをえない。その理由としてまず指摘できるのが、選挙が常に競争的であるとは限らないことだ。それが競争的であるためには、多くの条件が必要となる。例えば少なくとも候補者が二人以上必要であるし、その候補者間の経済的な力、あるいは社会的な力がある程度均衡している必要もある。選挙制度のあり方によって競争の度合いは異なってくる。また、競争が行われる外部環境、例えばメディアの中立性も不可欠だ。

さらに、選挙時の競争だけでは、代表者の行為を監督するには不十分であるという理由もある。これらは多くの権威主義体制においてだけでなく、現代の民主主義諸国でも実際に観察されている事態――本書では第二章で言及した事態――だといえよう。つまり、代表者は選挙と選挙の間の任期中に民主主義を破壊してしまうことは可能なのだ。

しかし、最も看過できない問題は、シュンペーターのモデルでは選挙が、そもそも政治エリートを民主的にコントロールするという目的ではなく、もっぱら政治エリートに政治的決定権力を占有させることを、したがって、そのリーダーシップを民主的コントロールから解放することを目的にしていることにある。ここから、シュンペーターのモデルでは、政治エリートによる権力の私物化や専制の可能性を防ぐことは困難であると考えられるのである。

民主主義を競争＝選挙とすることで政治エリートのリーダーシップを民主的なコントロールから解放すること。これがシュンペーターのモデルの狙いであった。そんな彼のモデルに欠けているものを考えることで、政治エリートとしての代表者を民主的なコントロールの下に置く手掛かりの見当をつけることができる。これについては、シュンペーターのモデルに対して繰り返されてきた批判が参考になる。それによれば、シュンペーターのモデルには、二つのきわめて重要な政治的活動が欠如している。その一つが市民の参加であり、もう一つが市民の間での熟議である。

そこで本章では、代表制度に市民参加と熟議という活動を組み込むことで、現行の代表制度を民主主義の制度として再建するための実行可能な具体策を検討する。その際、市民という言葉を多用する。民主主義のイノベーションでは、人びとは公共の制度を利用しつつ、特に政治的活動にコミットする主体としての役割、すなわち市民としての役割を担っているからだ。そこで、まずは具体策を評価するための三つの観点を提起することから始めよう。

どのようにして権力の私物化を禁じ、専制政治に対抗するのか

代表制度の改革では、何より、権力の私物化を禁じ、専制政治に対抗するための具体的な取り組みにフォーカスする必要がある。本章の冒頭で述べたように、近代に誕生した民主的な代表制度の核心には、人民主権論に基づいて立法権力が法律をとおして政府による権力行使――執行権力の行使――を民主的にコントロールするという構想が存在していた。そして、その構

想を政党と選挙によって具体化することで、反私物化による専制政治への対抗という民主主義の理念が実現すると考えられた。しかし、こうした試みを成功させる条件は喪失されており、もはやうまくいかない。したがって、政党政治の下での選挙に加えて、市民参加と熟議をベースにした新たな取り組みが、私物化を防ぎ専制に対抗するために不可欠となっている。

多くの民主主義国ですでに着手されているそうした試みを参考にすると、現行の代表制度をさらに民主化する取り組みには二つの方向性があることが分かる。第一が、重要な決定に市民が直接参加することによって、市民の政治的決定権力を強化する方向性である。第二が、市民が直接、代表者を監視し、説明責任を果たさせるという方向性だ。代表者の民主的コントロールはこれらの二つの方向性で強化され始めている。

国家の独立などの主権に関わる決定や憲法改正、選挙制度改革など政治的な重要度がきわめて高い争点に関して市民の声を直接聞くという取り組みは近年、増えている。しかも、国家や州といった大規模な政治体において実施され始めている。これは第一の方向性に従った取り組みだ。二〇一四年のスコットランドのイギリスからの独立を問うた住民投票やEUから離脱の是非をめぐり二〇一六年に実施されたイギリス国民投票——いわゆるブレグジット——は日本でも話題となった。ただ注意すべき点がある。近年のそうした試みの中のいくつかのものは、代表制度を迂回《うかい》し、市民の生の声を直接政治的決定に反映させようとしているだけではないということだ。そこでは、十分な情報に基づいた議論を経た上での理に適った市民の判断を政治的決定に反映させようとしている。このため、レファレンダムを実施する前に市民間の熟議の手続きが設けられている事例が少なくない。また、たんに代表制度を迂回するのではなく、政治家たちと協働し、代表制度を活用する工夫もそこには見られる。いずれにせよ、この方向性は、現行の代表制度では近代民主主義の人民主権的構想を十全に実現することが不可能となったという現状認識から生じている。その上で、主権者の意思に基づいて政治を行うというこの核心的構想が、新たな仕組みで再活性化されているといえる。

第二の方向性は、いわゆる「カウンター・デモクラシー」（ロザンヴァロン二〇一七）と関連する。カウンター・デモクラシーとは、代表制度への全般的な不信が行き渡った現代において、政治権力を行使する者たちを投票以外の方法で民主的にコントロールするための制度や活動を意味する。それは、監視、差し止め、そして審判の三つの形態から構成されている。これらの形態は、古代アテナイの民主主義を支えた五〇〇人評議会や民会、そして民衆裁判所に確認できるものである。他方で、近代以降の民主主義では、政府から独立した専門家委員会や民間のさまざまなアドボカシー・グループ――専門的な政策提言をしたり、ロビー活動をしたり、メディア・キャンペーンをしたりする利益集団――、市民組織による監視活動や、ストライキやデモによる直接行動による拒否権の表明、弁護士や市民による行政裁判の実施などが盛んに行われてきた。これらの活動は、政治権力を行使する者に対して情報公開と説明責任を課し、政治責任を明確にさせ、必要があれば処罰を迫る。世論に対して常に敏感であるように代表者に対して求めることによって、民主的なコントロールの強化を目指しているのだ。

このように、現行の代表制度を民主主義の制度として再建するための実行可能な具体策は、何よりも権力の私物化を禁じ、専制政治に対抗するためにどの程度有効なのかという観点から検討される必要がある。

どのようにして共有のものを取り戻すのか

代表者を民主的なコントロールの下に置くための新たな取り組みを行うことで、政治という共有のものの私物化を防ぐ。これだけで、代表制度の改革を終わりにはできない。異なる人びとの間に、協働の機会や枠組みを提供することも重要な任務となる。

すでに論じたように、新自由主義化した多くの民主主義国では、代表制度が機能不全に陥ることで政治の私物化が進んでいるだけではない。新自由主義によって社会が私物化されているのだ。すなわち、新自由主義は、年齢や性別、所得、民族、宗教などを異にする人びとが、ともに暮らしていくために不可欠な共有のものを市場で売り買いされる商品に貶《おとし》めることで破壊し尽くした。この結果、匿名の人たちの間の相互依存関係としてイメージされた社会は消失してしまった。それに代わって現れたのが、万人の万人に対する競争としてイメージされた社会であった。そんな社会の中で相互に反目し合い、孤立し、惨めになっていった人びとにとって、共通の問題に対する連帯や協力の余地はほぼ存在しない。

こうした現状を前にして、代表制度に接続される新たな取り組みには、蝕まれた共有のものへの働きかけが含まれるべきだ。元来、民主主義の信奉者たちが富者や権力者の支配から死守しようとしてきたのが共有のものであった。そしてその信奉者たちによれば、共有のものによって可能となるのが、民主主義の根源的な価値、すなわち、自由であった。とするなら、細分化され、互いに反目し合う現代の人びとの間に共有のものを復活させようとする働きかけが、代表制度を民主主義の制度として再建する際に避けて通れない課題となっても何ら不思議ではない。

しかし、だからといって、利害関心や価値観、アイデンティティに関してこれほどまでに多元化した世界――本書では、これをポスト工業化社会という言葉で説明してきた――で、そのような働きかけが実を結びそうにないことも また確かだ。したがって、現代世界の多元性という事実を前にした私たちにとって、共有のものへの働きかけがいかなる制約の下にあるのかを確認しておく必要がある。

まず、共有のものに対する努力は、古くから政治学において共通善(common good)と呼ばれてきたもの、あるいはルソーが一般意志と呼んだものを出発点とすることはできない。換言すれば、そのような努力において、人びとの間に利害関心や価値観などの同質性が前もって存在すると想定することはできない。これは私たちの暮らす世界が多元的であるという事実を尊重することから必然的に帰結する。なぜなら、この想定を許してしまえば、異なる人びとの間に存在する、利害関心や価値観、アイデンティティにおける差異が軽視されたり、あらかじめ排除されたりすることになるからだ。しかも、この軽視と排除は多くの場合、マイノリティの利害関心や価値観、アイデンティティに対して行われる。これは、現代世界の多元性が、権力関係からニュートラルなものではなく、支配と被支配、抑圧と被抑圧との関係に貫かれているためである。

また、共有のものに対する努力は、同質性を人びとの間に発見することや、共有された利益に対する合意に到達することを目標にするのにも慎重であるべきだ。というのは、その想定には、人びとの間の差異は乗り越えるべきもの、あるいは乗り越え可能なものという予断が存在するからだ。このような予断によって、現代世界の多元性の事実が歪められたり、否定的に見なされたりしてしまう可能性が生じることになる。

では、中産階級の消滅に伴い、社会経験や日常生活は同質的であるという共同幻想――日本では、それは「一億総中流」という形をとった――もすっかり霧散してしまい、利害関心や価値観、アイデンティティにおいて多元化したこの時代に、共有のものを取り戻そうとする努力は、どのように行われるべきなのか。そこで重要となるのが、人びとの間の差異をあらかじめ排除したり、事後的に克服されたりする対象として見るのを控えることだ。その上で、共通の課題を遂行すべく異なる人びとが集まり、一緒に活動する協働の機会や枠組みを模索することである。

この協働こそ《差異化された共有のもの》が、構築されるかもしれないその可能性にとって絶対的な条件といえる。なぜなら、異なる人びとが市民として出会い、互いを知ることになる協働の枠組みや機会がなければ、現代に相応しい共有のものの構築の可能性などそもそも探求のしようもないからだ。もちろん、仮に構築されたとしても、その共有のものは限られた市民の間での、束の間のものかもしれない。むしろ、そもそもそうした程度のものさえ構築できるとは限らない。しかし、いずれにせよ、多元性の事実を前にしたとき、共有のものへの働きかけはこうしたアプローチをとらざるをえない。

こうして、代表制度に接続される新たな取り組みのもう一つの任務が明確になる。それは、共有のものを想像＝創造するためには欠かすことのできない、協働の機会や枠組みを提供することである。

次節では、代表制度を民主主義の制度として再建するための実行可能な具体策を、協働のプラットフォームとして機能するかどうかという観点から検討する。

なぜ、エンパワーメントが必要になるのか

代表制度の改革には、市民の参加と熟議が組み込まれるとなると、選挙で投票して終わりという現行の代表制度よりも、市民が政治で果たす役割や労力は増大する。このため、改革された代表制度がその機能を十全に発揮しうるかは、これまで以上に市民のパフォーマンスにかかってくることになる。ここから、こうした改革に対しては必ずといってよいほど次のような二つの批判が投げかけられる。

まず一つは、市民のコミットメントに関わる批判だ。多くのデータが示すように、現代の民主主義諸国の有権者はそもそも政治に参加する意思などない。半数近くの有権者はたかだか選挙に参加することさえ拒否をしているのが実情だ。その理由は、忙しかったり、時間の無駄と見なしたりと人それぞれかもしれない。あるいは、ただ関心がないだけかもしれない。しかし、いずれにせよ、実情に鑑みるなら、代表制度の改革が求めるような、より多くの参加などそもそも不可能だという批判だ。

もう一つは、市民の資質に関わる批判だ。それによれば、エリート以外の大多数の普通の人びとは、日常生活を営む以外の能力、特に公共的な活動に携わるのに必要な能力を欠いている

ため、そうした人びとを政治に関与させることはむしろ有害となるというものだ。このエリート主義的見解は古代ギリシアから現代に至るまで、綿々と生き続けている。先に参照したシュンペーターのモデルからも分かるように、可能な限り市民の参加と熟議を制限する方向でなされる代表制度の擁護論のほとんどが、どのような理屈を持ってこようが、こうした愚民論的見解を根底に据えていることは疑いようがない。すなわち、政治はエリートあるいは専門家の仕事であって、愚かな素人は手を出すなというわけだ。

以上の二つの批判には数多くの反論が民主主義の信奉者からなされてきたが、ここではそれらを参照することは控えよう。その代わりに、これらの批判から出発する。すなわち、現代の民主主義諸国の有権者のほとんどは政治に参加し熟議をしようとする関心もなく、そのために必要となる知識も能力もないという批判をひとまず受け入れよう。その上で、もはや役に立たなくなりつつある代表制度を前にして、ただ手をこまねいているのではなく、改革しようとするなら何が必要になるかを考えてみよう。

その答えは明らかだ。政治に対する関心を喚起させること、政治争点を理解し解釈するための情報を提供すること、他人との協働をとおして政治的有効性感覚（political efficacy）を育成させること。これらが必要となる。ただ、はっきりしていることがある。それは、現行の代表制度における選挙に限定された政治参加だけでは、これらは望むべくもない、ということだ。

選挙権だけ与えて、普段の生活の範囲内で情報を収集し、せいぜい家族や友人と意見交換して、期日までに投票しなさいというのでは、十分な情報も有効性感覚も得られる可能性はほとんどないに違いない。

だとすれば、関心を喚起させ、情報を提供し、有効性感覚を付与するよう仕組みや働きかけ、すなわち、人びとを市民としてエンパワーする仕掛けを綿密に設計し手続き化した上で、既存の代表制度に組み合わせればよいのだ。

次節では、代表制度を民主主義の制度として再建するための実行可能な具体策を、市民に自信と力を付与するためのエンパワーメントの機能が含まれているかという観点からも検討する。

二　具体的なイノベーションを評価する

この節では、現行の選挙を中心にした代表制度を改革するための三つの具体策を提示する。これらは机上で構想された理論ではなく、複数の国や自治体において実際に運用されている実行可能な具体策だ。すなわち、（1）熟議世論調査（Deliberative Opinion Poll）、（2）市民集会（Citizen Assembly）、（3）参加型予算（Participatory Budgeting）が本節で扱う具体策である。これらを、先に述べた三つの観点——民主的なコントロール、協働の枠組み、エンパワーメント——から検討する。

まず熟議世論調査は、熟議を重視し、そのために適切に設計された環境を備えたミニパブリックス（後述）の代表例として取り上げられる。次に、熟議世論調査と同じくミニパブリックスに分類される市民集会が取り上げられるのは、きわめて重要度の高い政治的決定に関して大きな影響力を持ちうるためだ。この市民集会は設計の仕方によっては現行の代表制度の改革に大いに貢献する可能性がある。続いて、市民の参加を重視した画期的な取り組みの代表例として参加型予算が取り上げられる。その画期性は、政策決定への市民の直接参加という点に見て取ることができる。

⑴熟議世論調査

熟議世論調査は、アメリカの政治学者フィシュキンらが一九八八年に始めた取り組みで、現在、多くの国々で実際に活用されている。文字通り、一般に行われている世論調査に熟議の活動を接合させたものが、この熟議世論調査だ。その狙いは、理想的な状況が与えられた場合、人びとは何を考えるのかということを明らかにすることにある。それは、次のような流れで実施される（Goodin 2008）。

調査――例えば、死刑制度を廃止すべきか存続すべきかといった調査――を行うために、まずランダムサンプリングによって二五〇〇人から五〇〇〇人ほどの市民が集められる。それらの市民は十分な情報を得るために専門家――死刑制度に反対、賛成の双方の専門家――からレクチャーを受ける。その後およそ一五人程度の小グループに分かれて、熟練のファシリテーターの下での公平なルールに従った対等な議論をとおして専門家への質問を練り上げる。続いて、全体会合に再度参加し、講師の専門家に質問をして回答を聞く。熟議に参加した市民たちは、熟議の始まる前と後で議論の対象に関する情報の蓄積と意見の変容に関するアンケート調査に回答し、イベントは終了する。このように実施される熟議世論調査は、世論調査という言葉が示唆するように、参加者の間で何らかの合意に達したり、政府に対して何らかの政治的強制力のある提言をしたりするといった類いのものではない。しかし、イベントの結果は、メディアの報道によって他の市民や政治家たちに広く周知されることになる。

熟議世論調査の特徴は、それがミニパブリックス（mini-publics）の一種であることから引き出すことができる。ミニパブリックスとは、ランダムに選ばれた市民——したがって、自選ではない——たちが公共の問題に関してともに議論する取り組みを意味する。ミニパブリックスの代表的な事例には、熟議世論調査以外にも、市民陪審、コンセンサス会議、計画細胞、アメリカ・スピークスなどがある。この取り組みでは、特に重視されることが二つある。一つは、そこでの議論が十分な情報に基づき、ファシリテーターあるいはモデレーターによって適切にコントロールされていること、もう一つは、そこでの議論が市民全体での議論を代表していることである。

フィシュキンによれば、熟議世論調査の特徴は、一般的な世論に「鏡とフィルター」を装着させた点にある。鏡の役割を果たすのが、ランダムサンプリングによる参加者の選出である。これによって少人数であっても、人口全体——年齢や性別、人種などの構成を含めて——を統計的に代表することが可能となる。また、フィルターの役割を果たすのが、適切に設計された熟議の手続きであり、これによって十分な情報もなく、また他人との議論を経ていない「生の声」は除去されることになる。熟議世論調査では、「生の声」が理想的な熟議をとおしてどのように変容するかに最大の関心が払われる。意見の変容は、イベントの前後で実施されるアンケート調査によって可視化される。

これらの特徴を踏まえた上で、熟議世論調査を先に述べた三つの観点から評価してみよう。

まず代表者に対する「民主的なコントロール」に関して。多くのミニパブリックスが代表制度に対する正式な権限や権力を持たないのと同様に、熟議世論調査も正式な形で直接、政策決定過程に関わることはない。そもそもこの熟議世論調査は、すでに指摘した通り、理想的な熟議の機会をとおして個人の選好や意見がどのように変容するかを調査すること、そして「生の声」を除去したよく熟慮された判断に基づく世論がどのようなものであるかを提示することを狙いとしてきた。ここから、代表者を民主的なコントロールに服させるような積極的な働きは熟議世論調査にはない。他のミニパブリックスと同じように、熟議世論調査もせいぜい、議会や政府に対して強制力のない勧告を行うといった、諮問的役割を担う程度であるのが実情だ。

しかし、だからといって熟議世論調査が政策決定に全く影響力を持たないわけではない。熟議世論調査から得られた勧告を真剣に受け止める政府が、その勧告に基づいて政策を実施した事例や、政治家が政策をいわゆる「マーケティングテスト」にかけるために、熟議世論調査を利用する事例も報告されている。したがって、熟議世論調査は代表制度を民主的なコントロールの下に置くことを意図した取り組みだとはいえないが、政府や議会の姿勢次第では、政策決定に影響を及ぼす場合があるとはいえる。

次に、「協働の枠組み」に関して。熟議世論調査が、熟議という市民同士の協働の枠組みとなることは間違いない。とはいえ、熟議世論調査は、ある公共の問題に関して、限られた人数で比較的短い期間において実施されるイベントだ。そこで行われる市民の協働は、規模において小さく、期間としても一時的なものとならざるをえない。このため、熟議という協働は、市民間の持続する結びつきや連帯感を醸成するまでには至らないと考えられる。このことは、熟議世論調査がそもそも、個人としての市民の意見や選好の変容にフォーカスする点からも確認できるであろう。

最後に、「エンパワーメント」に関して。熟議世論調査ではこのエンパワーメント効果こそ、最も期待できるものであるといえる。そもそも、選挙以外の政治活動に従事することによってエンパワーメント効果が得られることは、多くの研究によって明確にされてきた。また、既出のフィシュキンらの研究でも、熟議世論調査から得られた参加者に対するエンパワーメント効果が、アンケート調査をもとに検証されている。

それによれば、参加者は熟議のイベントへの参加をとおして、政治への関心や情報、政治的有効性感覚を増大させ、さらに熟議のイベント後の通常の政治参加にも従事する傾向が高まることが分かる。熟議世論調査における他の市民との協働の経験は、個々の市民をエンパワーするのである。ここからフィシュキンは、熟議を「より良き市民の学校」と呼んでいる。彼によれば、熟議世論調査のような参加と熟議からなる活動は、公共の問題に取り組む上で必要となる諸能力——情報、有効性感覚、公共の精神など——を陶冶するための市民教育の場に他ならないのである。

(2) 市民集会

市民集会とは、市民の参加と熟議からなるミニパブリックスを活用した取り組みだ。しかし、ここで紹介する市民集会は、他のミニパブリックスとは少なくとも次の三点で異なる（Smith 2009）。

第一に、開催される期間が一か月以上と長期にわたるイベントであるという点だ。ここから、市民集会では、より濃密な熟議が実施されることが分かる。第二に、市民集会では、公聴会などをとおして広く市民の意見を募るコンサルテーション（public consultation）が実施される点である。ここから、市民集会が、集会に参加しない市民や社会運動の団体と結びつくことで、より包摂性の高いイベントとなっていることが分かる。第三に、きわめて政治的重要度の高い争点に関して、公式の政策決定のプロセスに組み込まれた提言や勧告を行いうるという点である。この点で、市民集会は、代表制度に対する正式な権限や権力を持ちうるといえる。

これらの中でも第三の点が市民集会の最大の特徴である。市民集会は一般的なミニパブリックスの諮問的な役割を超えて、選挙制度改革や憲法改正など高度に政治的な争点に関して公式の政治的影響力を直接行使することを目的とした取り組みなのである。

以下では、数多くある市民集会のうち、代表的な事例としてしばしば参照されるカナダのブリティッシュコロンビア州での市民集会と、近年アイルランドで実施され、今後の参加と熟議の取り組みの新たな可能性を切り開いた市民集会を簡潔に取り上げよう。

ブリティッシュコロンビア州での市民集会（the British Columbia Citizens' Assembly on Electoral Reform）は、州議会の支援の下、州政府によって二〇〇三年に設立された。その目的は現行の選挙制度――有権者は一人の候補者に投票し、最も多く得票した候補者が当選するという、いわゆる単純小選挙区制――を再検証し、必要があれば、別の選挙制度を勧告することにあった。そして、その提案は、州の住民投票に諮られることになっていた。こうした重要な任務を負った市民集会ではまず、ブリティッシュコロンビア州の七九ある選挙区から層化抽出法（stratified sampling）――単純なランダム抽出法よりも小規模な社会集団が選出されやすい――によって、男女各一名と、先住民二名の一六〇名と議長一名の合計一六一名が選ばれた。市民集会のメンバーとなった市民は二〇〇四年の一月から、選挙制度に関するレクチャーを専門家から受け、十分に情報を得た上で、公聴会を五〇回開き、他の市民や団体から意見を収集し、それらに基づいて熟議を重ねた（Goodin 2008）。そして、二〇〇四年一二月に出された最終報告書では、現行の選挙制度に代えて新たな選挙制度が勧告された。それは、有権者が優先順位投票を用いて複数の候補者に投票するという、いわゆる単記移譲式投票であった。このため、市民集会の提案が二〇〇五年五月に住民投票に諮られることになった。

この住民投票において市民集会の提案が採用されるには、二つの条件が課せられていた。一つは、採用に対して六〇パーセント以上の賛成が必要だという条件、もう一つが全選挙区の六〇パーセントに当たる四八選挙区において賛成が反対を上回るという条件である。住民投票の結果、後者の条件はクリアしたものの、前者の条件に関して、賛成の投票率が五七・六九パーセントであったため、市民集会の提案した選挙制度は否決されることになった。とはいえ、このブリティッシュコロンビア州での市民集会の試みは、二一世紀の代表制民主主義のイノベーションの新たなパラダイムを形成した。

次に二〇一四年に行われたアイルランドでの市民集会の事例を見てみよう。

アイルランド憲法会議（The Convention on the Constitution）は、ブリティッシュコロンビア州型市民集会をモデルとしつつも、アイルランドの国状に適した形に改良された事例だ。憲法改正のためのこの会議は、二〇一二年から二〇一四年にかけて行われた。その目的は、政府が提起した憲法の争点を熟議し、憲法を修正する必要性などの勧告を報告書にまとめて提出することである。政府は会議の勧告に従って憲法を修正する義務を負ってはいないが、各々の勧告に対する見解を国会に対して示し、議論せねばならなかった。この会議では専門家の支援など質の高い熟議が行われる環境が整えられ、またその構成は、世代やジェンダー、社会階層を反映させる形でランダムに選ばれた市民六六名（アイルランド共和国と北アイルランド）、政党の代表者と国会議員の三三名、議長一名の合計一〇〇名からなっていた。市民と政治家との協働で行われた熟議では、大統領の任期および被選挙権の年齢の引き下げの争点に始まり、選挙権年齢の引き下げ、選挙制度改革、同性婚の容認、神への不敬罪の廃止など、一〇の争点が取り扱われた。そして、政府は各争点に関する会議の勧告に対して正式に回答した上で、そのうちのいくつかは、国民投票にかけられることになった。その結果、憲法での同性婚の承認や不敬罪の廃止が決定された。

ブリティッシュコロンビア州の市民集会と比較することで、アイルランド憲法会議の特徴は次の三点にまとめることができる。第一に、国家という規模で、しかも、憲法改正という究極の政治争点に関して市民を直接関与させた点である。確かにアイルランドは人口からすれば小国といえる。しかし、主権国家がこうした試みを行ったことのインパクトはきわめて大きい。

次に、この憲法会議が基本的には諮問型の市民集会であったにもかかわらず、実質的な政治的影響力を行使した点である。ここから、熟議世論調査に関連してすでに指摘した通り、たとえ諮問的な機能しか持っていないとしても、市民の熟議が政府や議会といった代表制度の側の姿勢次第で、高度に政治的な政策決定過程において強制力のある役割を果たしうることが分かる。

最後に、この会議が、市民と議会の代表者との協働によって運営されたという点だ。当初、こうした構成では、人前での発話に慣れた政治家たちが会議を牛耳ってしまうのではないかと懸念された。ところが実際は、この懸念を裏切るどころか、協働のメリットが浮き彫りとなった。政治家たちは市民たちの熟議を妨害しないように努めただけでなく、政治家たちが参加することによってこの会議の正統性が高められ、政府は会議からの勧告を履行しやすくなったのだ。要するに、政治家たちの存在は、代表制度と市民の熟議の活動とを接合させることに一役買ったのである（della Porta 2020）。

それでは、ブリティッシュコロンビア州の市民集会、およびアイルランド憲法会議に代表される市民集会を先に述べた三つの観点から評価すると、どうなるだろうか。

まず、代表者に対する「民主的なコントロール」という観点について。ともにミニパブリックスに分類される熟議世論調査と比較するなら、市民集会では市民の熟議の結果が政策決定過程に影響力を及ぼす点で、民主的なコントロールの度合いはより高いといえる。もちろん、ブリティッシュコロンビア州の市民集会とアイルランド憲法会議とでは違いもある。例えば、ブリティッシュコロンビア州の事例では、市民の熟議の成果がそのまま住民投票に諮られる点で直接的な影響力があるのに対し、アイルランド憲法会議の事例では政府および議会に対して説明責任を果たさせるという点で間接的な影響力がより強いといえる。ここから、前者が、人民主権的な意味合いのより濃厚な民主的なコントロールであり、後者が、カウンター・デモクラシー的意味合いのより強い民主的なコントロールであると説明できるだろう。

しかし、この違い以上に重要なことは、ブリティッシュコロンビア州とアイルランドでの市民集会がともに、代表制度の政策決定過程に正式に組み込まれているということだ。これに鑑みるなら、市民の熟議が明確な政治的影響力を行使することができたのは、政府および議会という代表制度側のイニシアティブの下でそれらが開催されたからである。つまり、これらの市民集会は、政府や議会といった代表制度の側の決定に依存した、トップダウン型の取り組みだということだ。ただ、政府や議会側にイニシアティブがあったとしても、市民集会がその設計の仕方によっては、代表者を民主的にコントロールする上で、大きな可能性を秘めていることは間違いない。また、こうした代表制度の側からの決定の背後には社会運動を媒介にした下からのプレッシャーが必ず存在していることを見逃してはならない（della Porta 2020）。

次に、「協働の機会ないし枠組み」という観点について。市民集会はミニパブリックスの一つである。したがって、それはランダムな選出方法を用いることで人口構成の多様性を代表する一方で、熟議の質を確保するために限られた人数で構成される。このため、規模の点ではどうしても限定的になる。これは、より多くの市民が熟議に自由に参加するほうが望ましいという立場からすれば、ミニパブリックスに特有の限界と見なされる。ただ、市民集会では公聴会などのコンサルテーションをとおして、熟議に直接参加しない市民や社会集団との協働が可能だ。この点で熟議世論調査と比較するなら、より広範に人びとを包摂しうる枠組みだと見なすことができる。

また、市民集会は長期間にわたって実施される。例えば、今回紹介した二つの事例は一年に及ぶイベントであった。この点においても、市民集会はより濃厚な協働の機会を提供する取り組みといえる。さらに、アイルランド憲法会議は、政治家と市民との協働を可能にした点できわめて興味深い事例となっている。この協働には、市民たちの熟議の正統性を高める効果があったことはすでに指摘した。しかし、それだけでなく、この協働は、ますます疎遠になりつつある市民と政治家との関係を改善する機会となりうることが推測できる。

最後に、「エンパワーメント」に関して。先に見た熟議世論調査と同様に、適切に設計された環境で熟議が行われる市民集会においても、参加者のエンパワーメントの効果ははっきりと確認できる。ブリティッシュコロンビア州の事例では、参加者たちは新たな選挙制度の勧告という任務を終えた後でさえ無報酬で、住民投票までの公の議論に積極的に参加した（Goodin

2008)。これは、市民集会での熟議をとおしてエンパワーされた結果であろう。

アイルランド憲法会議の事例ではどうか。そこでのエンパワーメントの効果を確認するには、参加者の声が参考になる。憲法会議の最後に出された報告書『憲法会議　第九報告書』にある市民たちの声がその満足度の高さを物語っている。そうした声の中でも特に目を引くのが、参加者が他の市民との熟議をとおして、公共の問題に対する関心を高め、知識や発話のスキルを発展させ、政治的な有効性感覚を増大させることができたという感想だ。何より、今後も新たな市民の政治活動に関わり続けるという参加者の意欲の高まりに注目すべきであろう。そこから、アイルランド憲法会議がジョン・ステュアート・ミルのいうところの「公共精神の……学校」であったこと、したがって、理想的なエンパワーメントの機会であったことを確認することができる。

(3)参加型予算

参加型予算は、ブラジル、リオグランデ・ド・スル州の州都であるポルト・アレグレ市において、ブラジル労働者党の指導で一九八九年に始まった。ブラジル労働者党は、一九六四年から八五年まで続いた軍事独裁政権下で、一九八〇年に結成された左派政党だ。そこには、軍事政権と対立してきた労働組合をはじめとしたさまざまな社会運動の活動家、知識人などが結集していた。一九八〇年代初頭の地方選挙では惨敗を喫していたが、一九八五年の民主化以降、労働者党は徐々に支持を広げていくことになる。そして、一九八八年、労働者党のオリヴィオ・ドゥトラ（Olivio Dutra）がポルト・アレグレ市長に選出された。当時のポルト・アレグレ市では、三分の一もの住民が劣悪な生活環境に置かれていた。厳しい財政状況の中、そうした住民の生活の向上を住民自らの手で図ることを目指した取り組みが、ドゥトラ市政の目玉となった参加型予算であった。

この参加型予算は、市民参加によるガバナンスの成功例として、国連の諸機関や世界銀行から世界社会フォーラムにおいて推奨されてきた。また、この参加型予算は、ラテンアメリカからヨーロッパ、アジア、アフリカ諸国の多くの自治体に採用されてきた。このため、ポルト・アレグレ市の参加型予算に関する研究も、日本語によるものも含めかなりの数に上り、知名度も高いが、少々詳しくその仕組みについて説明しておこう。

ポルト・アレグレ市の参加型予算の制度上の特徴は、次の二点に見ることができる。一つが、一〇〇万人を超える大規模な政治体において、住民の誰もが参加できる人民集会（popular assembly）と、そこで選出された代表者からなる予算フォーラムおよび参加型予算評議会という二つのタイプの市民参加を組み合わせることで、包摂性の高い参加と熟議を兼ね備えた制度である点だ。もう一つは、予算策定という行政過程に参加する市民が、たんなる諮問的役割を超えて、自分たちの意思を実質的に反映させることができるよう設計された制度である点だ（Smith 2009）。

参加型予算の一年間のサイクルは、先に触れた三つの舞台――人民集会、予算フォーラム、参加型予算評議会――をとおして進められる（Smith 2009）。第一の舞台が、人民集会である。人民集会には、市中の一六に区分けされた地区ごとに開催される「地域集会」と、環境や教育、医療福祉サービス、交通などの市全体に関わる五つ（二〇〇〇年以降、六つ）のテーマごとに開催される「テーマ別集会」という二つが存在する。ともに誰もが参加できる集会であるが――したがって、ミニパブリックスのようなクジではなく自選による参加となる――、それぞれ次のような特色がある。

地域集会に参加する住人は居住区ごとに組織される近隣住民組織、その他の社会集団に所属する。この集会の機能は三つあり、第一は、市当局の役人に前年度決定された予算計画の執行について説明をさせ、住民との質疑応答を行う機能だ。第二は、公衆衛生や道の舗装、ヘルスケアなどの間で予算配分の優先順位を投票によって決める機能である。また、地域集会の後に開催される、市全体の参加型予算評議会（Council of the Participatory Budget 以下、ＣＯＰ）に送り込む地域代表の評議員を二名選出し、さらに、参加した人数に応じて地域予算フォーラムに送り込む代議員を、住民組織や社会集団から選出する。この代表者選出が第三の機能だ。

テーマ別集会は、一九九四年に創設され、各地域ではなく市全体のための長期的観点に立った政策や計画、ガイドラインの策定を目的とする。地域集会と同様に、市当局の役人に説明責任を果たさせ、テーマ別の予算配分の優先順位を決定し、市全体のCOPへの評議員およびテーマ別予算フォーラムへの代議員も選出する。

同時期に開催されるこれら二つの人民集会が、市民の任意の参加によっているのに対し、地域およびテーマ別の二つの予算フォーラムとCOPは、代表制度に基づいている。第二の舞台となる予算フォーラムでは、代議員らが市当局の支援やアドバイスを受けながら、各人民集会——地域とテーマ別の二つの集会——で出された予算配分の優先順位を再検証し、議論と交渉をとおして決定する。また、このフォーラムは、市当局との交渉や計画の履行状況のチェックを行う役目を負っている。

一年間のサイクルの第三の舞台がCOPだ。ここには主に二つの機能がある。第一は、先の予算フォーラムによって優先順位をつけられた予算配分案を評議員たちが市当局とともに審議を行い、最終的な予算案を決定する機能である。第二は、この予算案が市長によって受諾され、市議会に提出された後に、次年度の予算配分のための規則を議論し、決定する機能である。

このように、ポルト・アレグレ市の参加型予算は、人民集会と代表制度を組み合わせることで、市民参加と熟議の機会を提供し、さらに、行政の政策決定に直接市民が関与し、実質的な影響力を行使することを可能にする取り組みなのである。

それでは、この参加型予算を民主的なコントロール、協働の枠組み、エンパワーメントという三つの観点から見た場合、どう評価できるだろうか。

代表者の「民主的なコントロール」という観点について。ポルト・アレグレ市の参加型予算は、人民主権的な意味合いとカウンター・デモクラシー的意味合いの双方において、代表者を民主的にコントロールする上で大いに役立つ。市民の参加と熟議を組み込んだ一連の手続きを経て作成される予算案によって、市民は自らの利害関心や意思を市政に直接反映させることができる。このインパクトを正確に理解するには、選挙以外の、市民による直接的な政治参加が通常どのように行われるのか思い起こす必要がある。市民の政治参加の一般的な事例は、レファレンダムやイニシアティブによる立法過程への参入だ。

これに対して、ポルト・アレグレ市の参加型予算では、立法過程ではなく、予算策定という行政の政策決定過程に市民が直接参入する。この点に、ポルト・アレグレ市の参加型予算の画期性がある（Smith 2009）。なぜなら、これは、立法を介しての政府の民主的なコントロールではなく、市民が政府の統治行為に直接参画し、それをコントロールすることを意味するからだ。ここから、参加型予算は民主的なコントロールをさらに深化させる効果を持つと考えられる。

これに加えて、カウンター・デモクラシー的意味合いでも民主的コントロールは強化される。

なぜなら、予算策定の過程において常に市当局の役人の言動を監視し、必要があれば説明責任を果たすよう市民は求めることができるからだ。

それだけではない。参加型予算による民主的コントロールには継続性ないし定期性という特徴があることを見逃してはならない。選挙制度改革や憲法改正などある特定の争点に関わる市民集会と比較してみよう。市民集会が基本的には、単発のイベントであるのに対して、参加型予算は、毎年行われる予算策定に関わるため、定期的に実施することが可能である。ここから、参加型予算による民主的コントロールは、立法から行政という対象領域を拡張するだけでなく、その期間をも拡張する可能性を秘めている。

次に、「協働の枠組み」に関して。参加型予算は、これまで参照したミニパブリックスとは二つの点で大きく異なる。

第一に、参加する市民の規模だ。ミニパブリックスは熟議の質を確保するために、制限された人数で行われる。これに対して参加型予算は、可能な限り多くの市民の参加が可能となるより包摂性の高い仕組みを取り入れている。それが人民集会に当たる。そこでは、ランダムな抽選ではなく、市民のイニシアティブやコミットメントが不可欠となる。参加における平等性よりも自発性が重視されているのだ。包摂性の高さや自発性の重視に鑑みるなら、参加型予算はミニパブリックスに比べ、より広範な協働の可能性を持つ取り組みといえるであろう。

第二に異なるのは、この取り組みが地域組織や他の社会集団との明確な繋がりを確保している点だ。確かにミニパブリックスの一つである市民集会では、コンサルテーションの手続きをとおして社会集団は間接的に関わることができる。とはいえ、市民集会のメンバーはあくまでも一個人として参加する。これに対して、ポルト・アレグレ市の参加型予算では、市民が最初の舞台である人民集会に参加するには、近隣住民組織など何らかの組織に属する必要がある。ここから、参加型予算は、集団としての市民と市政府との協働の取り組みであることが分かる。

最後に、「エンパワーメント」の効果に関して。ポルト・アレグレ市の参加型予算におけるエンパワー効果の特徴は、それが社会運動と密接に結びついた取り組みである点から引き出すことができる（Baiocchi 2003）。まず、ポルト・アレグレ市では、参加型予算の実施とともに、近隣住民組織を中心にした市民組織——サンバスクールやサッカークラブ、宗教団体に始まり、社会運動組織や労働組合など——が新たに設立され、その数を増していった。ここから、参加型予算は、ポルト・アレグレ市の社会それ自体をエンパワーしたと考えられる。

次に、参加型予算への参加をとおして、コミュニティのリーダーが発掘されたり、育成されたりした。これについては、特に、市全体のCOPへ派遣される評議員の選出の過程が重要になってくる。この評議員は、自分の暮らすコミュニティや所属する集団の代表でありながらも、COPでは、市全体の立場に立って予算案の決定を行うことが求められる。したがって、この過程は評議員が集団の代表としてだけでなく、全市民の代表としての公共心を培う機会となると推測できる。

さらに、参加型予算への関与をとおして社会運動の新たな活動家がリクルートされたり、地域を超えて活動家同士が顔を合わせることで、情報を共有し、学習を行い、動員の調整を行ったりすることが可能となった。ここからも、参加型予算は、社会運動およびその活動家をエンパワーする機会であるとも考えられるのである。

まとめ

ここまでに紹介した事例は代表制度を改革する上で役に立つ、民主主義のイノベーションのほんの一例である。重要なことは、多くの民主主義国では代表制度の行き詰まりから、その大掛かりな改革がすでに始まっており、さらにその改革は市民の参加と熟議を強化する方向で進められているということだ。では、そうした改革にこれから着手する場合、何が必要になるだろうか。例えば、日本において代表制度を改革していく上で有効なのは、熟議世論調査なのか、市民集会なのか、参加型予算なのか、あるいはそれ以外の取り組みなのか。この問いを検討し、実際に改革を実行していく上で不可欠となるポイントを三つ挙げておこう。

第一のポイントとして、代表制度を改革するための参加と熟議の取り組みには長所もあるが、それゆえの短所もあるということを押さえておく必要がある。

熟議世論調査に関していえば、少人数の市民による熟慮された声がどこまで他の市民に対して説得力や正統性を持つかは定かではない。また、代表制度の改革という点からすれば、既存の代表制度に公式に組み込まれていないのは、大きな欠点ともいえる。

ブリティッシュコロンビア州の市民集会では、代表制度に公式な形で組み込まれることで強制力のある決定を行うことができた。ただ、こうした事例でも、集会に参加した少人数の市民の決定の正統性に疑念の声が上がることは十分予測できる。また、このタイプの市民集会にはアジェンダすなわち、争点や議題を自分たちで設定する権限がない。これを理由に、民主的なコントロールの不十分さを指摘する向きもある。同様の指摘はアイルランドの事例にも当てはまる。しかも、アイルランド憲法会議では、市民と政治家が一緒に熟議を行うため、その熟議の質に対して常に疑念が伴うことになる。すなわち、市民の判断は政治家によって歪められてしまうのではないか、という疑念だ。

参加型予算の事例でも、特に市政府当局と市民の代表とが協議を行うCOPの段階で、アイルランドの市民集会と同じ懸念が出てくるはずだ。また、市民の参加をより重視する設計のため、参加型予算では積極的に参加する市民の利害関心や意見が参加に消極的な市民よりも決定に反映されやすくなり、いわゆる「参加の歪み」を生じさせる可能性も十分ある。こうした欠点を踏まえることで、それぞれの取り組みをどう改良すればよいのか、あるいは懸案の争点に相応しい取り組みがどれなのかがはっきりと見えてくるだろう。

第二のポイントとして、改革が適用される国や自治体の政治制度や政治文化を十分に吟味する必要がある。

例えば、アイルランド憲法会議をそのまま日本に適用することは難しい。制度上、法律上の壁が存在するからだ。あるいは、ポルト・アレグレ市の参加型予算を日本の自治体にそのまま適用するなら、「参加の歪み」の問題が顕著な形で現れることが予測できる。適用される国状への慎重な分析も、争点に相応しい取り組みを選択したり、適用可能な形に改造したりする上で必要不可欠であるといえる。

最後に第三のポイントとして、こうした改革と社会運動を連動させる必要がある。

社会運動は、共有の政治的ないし社会的目標を達成するために結集した活動的な市民や団体が他の市民たちの関心を喚起し支持を取りつけるべく行う、集合的で持続的な活動だ。そこには、座り込みやデモに始まり、請願活動やパンフレットの配布、会合や学習会、さらには相互扶助的活動などさまざまなレパートリーがある。

こうした社会運動は代表制度の改革に必要不可欠だ。理由は二つある。

第一の理由は、これまでに紹介した事例を含め、代表制度を改革しようとする動きのほとんどは、代表者たちの腐敗を告発し、民主主義を深化させることを求める社会運動から生まれているからだ。既存の議会や政党、政府を構成する政治エリートが自発的に自分たちの身を切るような改革を行うことは考えにくい。社会の側からの突き上げがあって初めて、代表者たちは重い腰を上げる。このことは、アイルランド憲法会議にも当てはまる。

第二の理由は、代表制度の改革の試みが、社会運動、特にコミュニティに根差した社会運動に支えられたときに、成功する可能性が高くなるからだ。こうした改革には、代表者の側に対しては異議申し立てを行い、監視を怠らずプレッシャーをかけ続け、市民の側に対してはマスメディアやSNSを利用しつつ、関心を喚起させ情報を提供し、エンパワーする持続的な努力が不可欠であることはいうまでもない。こうした努力の担い手の中心に社会運動が存在する。ポルト・アレグレ市の参加型予算は、社会運動との連携がうまくいったからこそ成功した事例の代表だといえる。

これらのうち、最後に挙げた社会運動との連携が最も核心的な重要性を持つ。一八世紀以来の代表制度の発展の歴史を顧みるなら、議会の開設に際しても、選挙権の拡大に際しても、常にそこには地道な社会運動が存在していた。二一世紀の代表制度の改革も当然、その例に漏れることはないはずだ。なぜなら、共有のものの下で自由を守ろうとする欲求、そのために権力の私物化を禁じ専制に対抗しようとする実践は、権力の座にあるエリートからではなくコミュニティに根を下ろして生きる人びとから、すなわち上からではなく、下から生じるからだ。だからこそ、そうした下からの社会運動は、共有のものとしての政治を代表者たちから再び取り戻そうとする現代の取り組みに対しても、民主主義の根源的な生命と活力とを吹き込むことができるのだ。

これらのポイントを押さえた上での代表制度の改革が可能となって初めて、民主主義は中国モデルに対してその優位性を示すことができるように思われる。

確かに、メリトクラシーに依拠する中国モデルは、豊かさと治安に限定すれば優れた統治を可能にするかもしれない。しかし、中国モデルには決定的な欠点がある。私たちが暮らす民主主義国で保障された政治参加の自由が制限されているために、政治エリートによる権力の私物化とその帰結としての専制政治に対する究極の歯止めがないという欠点だ。これに対して、民主主義は、自由を守るべく、権力の私物化を予防し、専制政治に対抗するために存在してきた。そしてそのための手立てを数多く生み出してきたことはすでに見てきた通りだ。ここに、中国モデルに対する民主主義の優位性があるとするなら、代表制度の改革は、中国モデルに対する民主主義の優位性を強化することを意味する。代表制度の改革は、現代の民主主義が直面する真の危機を克服するための、不可避にして喫緊の、そして何より実行可能な課題なのである。

おわりに

本書では、共有のものと民主主義との関係を検討することで、民主主義が共有のものの私物化を防ぎ、専制政治に対抗する政治のあり方であることを論じてきた。また、民主主義と代表制度とを峻別した上で、代表制度が民主主義の理念を実現する手段としてうまく機能する諸条件を特定した。次いで、現代の民主主義のポピュリズム化の原因が代表制度の機能不全にあること、さらに、その機能不全はそれらの好条件が消失してしまったためであることを指摘した。その上で、もはや旧来の代表制度が民主主義の制度として適切に機能することがない以上、現代に適合した形で代表制度をどう改革するかを検討した。

本書の構想が固まりつつあったのは、二〇二〇年の春先だった。それは、新型コロナウイルスのパンデミックによって、東京に最初の緊急事態宣言が出される直前であった。それ以来、新たな感染症の脅威に晒された私たちの世界は、大きく変わってしまった。そして、感染拡大の第五波に飲み込まれた東京では、非常事態宣言下でオリンピックが開催された。「コロナと闘う五輪」などという厚生労働大臣の言葉の意味の分からなさは、日本の当時の状況が、もはや悲劇でも喜劇でもなく、悪夢ないしはカオスであったことを端的に示しているといえよう。

世界史的な出来事の進行する中での執筆であったが、本書では、このパンデミックが民主主義に及ぼす影響について論じなかった。しかしながら、どうやら新型コロナウイルスのパンデミックは、現在の惨禍が過ぎ去った後の民主主義諸国において、本書でフォーカスした民主主義の退潮をさらに推し進めそうだ。

長期にわたる感染症対策の中で、自由が大幅に制約された例外状態が常態化することになった。例外状態の常態化は、二一世紀の世界において「テロとの戦争」をとおして試みられてきた。ジョルジョ・アガンベンが指摘したように、「テロとの戦争」が枯渇した現在、例外状態の常態化のために新たに発明されたのが「ウイルスとの戦争」というわけだ。この闘いにおいて統治する側では、人びとの行動を監視し管理するテクニックやテクノロジーを活用していった。そして、それらは今後も、決して手放されることなく、さまざまな場面でことあるごとに、再び利用されるだろう。また、危機の只中《ただなか》ですでに収集された膨大なデータを解析し、精緻化することで、監視し管理する権力が人びとの日常生活により深く、より不可視な形で浸透する手立てを編み出す努力が続けられるだろう。

統治する側がそうだとすれば、統治される側では何が起こりえるのか。この例外状態に慣れてしまった人びとが、安全と引き換えに、自由を手放すことを厭《いと》わなくなることは十分考えられる。また、そのような人びとは自由を可能にしてきた共有のものの私物化に対してこれまで以上に無頓着になり、ひいては、権力の私物化に対抗する必要性をそれほど感じなくなっても何ら不思議ではない。つまり、ポストコロナの世界に生きる人たちは、民主主義にこだわらなくなる可能性は大いにありうるということだ。それは、まさに、本書で論じた中国化が民主主義諸国で加速していく事態に他ならない。民主主義諸国の中国化は、新自由主義によってその種が撒《ま》かれたとするなら、新型コロナウイルスのパンデミックによって、ゆっくりと芽吹き始める。そんな暗いシナリオを誰が否定できるだろうか。

この世界史的な危機における最優先の課題は、あらゆる資源を動員して、新型コロナウイルスによるパンデミックを封じ込め、この惨禍以前の生活を取り戻すことである。しかし、その一方で、そろそろ私たちは、「その後」について真剣に考える時期に来ているのではないか。そして、「その後」の最大の懸念こそ、民主主義諸国に暮らす人びとが自由の制約された生活に慣れることで、民主主義への支持や関心をこれまで以上に喪失してしまうということなのだ。

過度な懸念だという人もいるだろう。しかし、新型コロナウイルスとの闘いの中で、常に問われていたことは、命を守ることと、私たちの自由や民主主義的な価値を維持することとの均衡をどう保つか、ということであった。ポストコロナの世界においても、それは変わらない。いやむしろ、新型コロナウイルスとの闘いという例外状態の中で、自由や民主主義的価値がどの程度毀損されたのか、それらを守るための手続きや制度がどう歪められたのか、真剣な反省が急務となるはずだ。

その中で、民主主義とはそもそも何であったのか、そしてそれを実現するための制度はどのようなものであったか振り返る機会も出てくるかもしれない。そんな際に、本書を手に取っていただけるようなことがあれば、望外の僥倖《ぎょうこう》だ。


さて、本書は、拙著『〈平成〉の正体』（二〇一八年）の続編ともいうべきものだ。そこでは、平成の時代の「格差問題」や「ポスト冷戦の日本外交」「政治制度改革」、デモや請願活動などの「日常の政治」を民主主義の深化という観点から批判的に検討した。しかし、紙幅の関係上、そこでは民主主義そのものについては十分に論じることができなかった。このため、次に書くものは、民主主義をテーマにする必要があると常々考えていた。そんな中、本書の企画について相談を持ちかけたのが、『〈平成〉の正体』の担当編集者、藁谷浩一さんであった。前回と同様に、草稿段階からの藁谷さんの冷静で的確なコメントは、執筆の際の励みになったし、何より、彼への信頼感のおかげで、寄る辺なさに苛まれることなく、思う存分書き上げることができた。感謝の念に堪えない。

また、本書のアイデアや構想について意見を求めるたびに、親身に応答してくれた、弟の友之にもお礼をいわねばなるまい。たわいもない会話から真剣な議論まで、彼とのやり取りから本書の多くのヒントをもらうことができた。そして、毎度のことではあるが、安藤丈将さん、小須田翔さん、森達也さんには、勉強会で本書の草稿を発表する機会を与えていただいた。それだけでなく、一〇年以上に及ぶこの勉強会での議論が、本書の知的土台を形成することになった。お礼の言葉もない。最後に、妻の優子。変わらぬ支えをありがとうございます。

主な参考文献

第一章

ハンナ・アレント『人間の条件』志水速雄訳、ちくま学芸文庫、一九九四年。

ロベール・カステル『社会喪失の時代――プレカリテの社会学』北垣徹訳、明石書店、二〇一五年。

ジャック・ドンズロ『社会的なものの発明――政治的熱情の凋落をめぐる試論』真島一郎訳、インスクリプト、二〇二〇年。

ジグムント・バウマン『個人化社会』澤井敦、菅野博史、鈴木智之訳、青弓社、二〇〇八年。

イアン・ハッキング『偶然を飼いならす――統計学と第二次科学革命』石原英樹、重田園江訳、木鐸社、一九九九年。

ユルゲン・ハーバーマス『公共性の構造転換――市民社会の一カテゴリーについての探究　第2版』細谷貞雄、山田正行訳、未來社、一九九四年。

藤井達夫『〈平成〉の正体――なぜこの社会は機能不全に陥ったのか』イースト新書、二〇一八年。

レオナルド・T・ホブハウス『自由主義――福祉国家への思想的転換』吉崎祥司監訳、社会的自由主義研究会訳、大月書店、二〇一〇年。

カール・ポラニー『[新訳]大転換――市場社会の形成と崩壊』野口建彦、栖原学訳、東洋経済新報社、二〇〇九年。

クロード・B・マクファーソン『所有的個人主義の政治理論』藤野渉ほか訳、合同出版、一九八〇年。

ジャン＝ジャック・ルソー『社会契約論』桑原武夫、前川貞次郎ほか訳、岩波文庫、一九五四年。

ジャン＝ジャック・ルソー『人間不平等起原論』本田喜代治、平岡昇訳、岩波文庫、一九七二年。

ジョン・ロック『市民政府論』鵜飼信成訳、岩波文庫、一九六八年。

Anderson, E. *Private Government: How Employers Rule Our Lives*, Princeton University Press, 2017.

Biebricher, T. *The Political Theory of Neoliberalism*, Stanford University Press, 2018.

Brown, W. *In the Ruins of Neoliberalism: The Rise of Antidemocratic Politics in the West*, Columbia University Press, 2019.

Cordelli, C. *The Privatized State*, Princeton University Press, 2020.

Donzelot, J. "The Mobilization of Society," in *The Foucault Effect* ed. by Burchell, G., Gordon, C. and Miller, P. The University of Chicago Press, 1991.

Pettit, P., *On the People's Terms: A Republican Theory and Model of Democracy*, Cambridge University Press, 2012.

Rahman, K. Sabeel *Democracy against Domination*, Oxford University Press, 2016.

Rose, N. *Powers of Freedom: Reframing Political Thought*, Cambridge University Press, 1999.

Rose, N., Miller, P. *Governing the Present: Administering Economic, Social and Personal Life*, Polity, 2008.

https://www.theguardian.com/global/video/2020/mar/29/boris-johnson-says-there-really-is-such-a-thing-as-society-in-self-isolation-update-video

第二章

ジョルジュ・アガンベン『例外状態』上村忠男、中村勝己訳、未來社、二〇〇七年。

芦部信喜『憲法　第四版』高橋和之補訂、岩波書店、二〇〇七年。

天児慧『「中国共産党」論――習近平の野望と民主化のシナリオ』NHK出版新書、二〇一五年。

アンソニー・ギデンズ『第三の道――効率と公正の新たな同盟』佐和隆光訳、日本経済新聞社、一九九九年。

デヴィット・グレーバー『民主主義の非西洋起源について――「あいだ」の空間の民主主義』片岡大右訳、以文社、二〇二〇年。

カール・シュミット『政治神学』田中浩、原田武雄訳、未来社、一九七一年。

パトリック・J・デニーン『リベラリズムはなぜ失敗したのか』角敦子訳、原書房、二〇一九年。

唐亮『現代中国の政治――「開発独裁」とそのゆくえ』岩波新書、二〇一二年。

中野晃一『私物化される国家――支配と服従の日本政治』角川新書、二〇一八年。

中村淳彦、藤井達夫『日本が壊れる前に――「貧困」の現場から見えるネオリベの構造』亜紀書房、二〇二〇年。

アレグザンダー・ハミルトン、ジョン・ジェイ、ジェイムズ・マディソン『ザ・フェデラリスト』斎藤眞、中野勝郎編訳、岩波文庫、一九九九年。

藤井達夫『〈平成〉の正体――なぜこの社会は機能不全に陥ったのか』イースト新書、二〇一八年。

ニッコロ・マキャヴェッリ『ディスコルシ「ローマ史」論』永井三明訳、ちくま学芸文庫、二〇一一年。

アイリス・M・ヤング「アファーマティヴ・アクションと能力という神話」『正義と差異の政治』飯田文雄、苅田真司、田村哲樹監訳、法政大学出版局、二〇二〇年。
エルネスト・ルナン「国民とは何か」『国民とは何か』鵜飼哲、大西雅一郎、細見和之、上野成利訳、インスクリプト、一九九七年。
スティーブン・レビツキー、ダニエル・ジブラット『民主主義の死に方――二極化する政治が招く独裁への道』濱野大道訳、新潮社、二〇一八年。
Bell, Daniel A. *The China Model: Political Meritocracy and the Limits of Democracy*, Princeton University Press, 2015.
Brennan, J. *Against Democracy*, Princeton University Press, 2016.
Fraser, N. *The Old is Dying and the New Cannot Be Born: From Progressive Neoliberalism to Trump and Beyond*, Verso, 2019.
Fukkuyama, F. "The End of History?," in The National Interest, Summer, *National Affairs*, 1989.
Hennig, B. *The End of Politicians: Time for a Real Democracy*, Unbound, 2017.
Honig, B. *Public Things: Democracy in Disrepair*, Fordham University Press, 2017.

第三章

芦部信喜『憲法　第四版』高橋和之補訂、岩波書店、二〇〇七年。
アリストテレス『アテナイ人の国制』村川堅太郎訳、岩波文庫、一九八〇年。

アリストテレス『政治学』山本光雄訳、岩波文庫、一九六一年。

ハンナ・アレント『人間の条件』志水速雄訳、ちくま学芸文庫、一九九四年。

マイケル・サンデル『実力も運のうち——能力主義は正義か？』早川書房、二〇二一年。

ロバート・A・ダール『デモクラシーとは何か』中村孝文訳、岩波書店、二〇〇一年。

トゥキュディデス『戦史』久保正彰訳、中公クラシックス、二〇一三年。

中村淳彦、藤井達夫『日本が壊れる前に——「貧困」の現場から見えるネオリベの構造』亜紀書房、二〇二〇年。

橋場弦『民主主義の源流——古代アテネの実験』講談社学術文庫、二〇一六年。

プラトン『国家』下、藤沢令夫訳、岩波文庫、一九七九年。

トマス・ホッブズ『リヴァイアサン』㈠、水田洋訳、岩波文庫、一九九二年。

カール・マルクス『ユダヤ人問題によせて　ヘーゲル法哲学批判序説』城塚登訳、岩波文庫、一九七四年。

クリストファー・ラッシュ『エリートの反逆——現代民主主義の病い』森下伸也訳、新曜社、一九九七年。

ジャン＝ジャック・ルソー『社会契約論』桑原武夫、前川貞次郎ほか訳、岩波文庫、一九五四年。

Cartledge, P. *Democracy: A Life*, Oxford University Press, 2016.

Cohen, J. *Rousseau: A Free Community of Equals*, Oxford University Press, 2010.

Farrar, C. “Power to the People,” in *Origins of Democracy in Ancient Greece*, ed. by Raaflaub, K. A., Ober, J., Wallace, R. W., Cartledge, P. and Farrar, C., University of California Press, 2007.

Hansen, M. H. *The Athenian Democracy in the Age of Demosthenes: Structure, Principles and Ideology*,

Blackwell, 1991.
Manin, B. *The Principles of Representative Government*, Cambridge University Press, 1997.
McCormick, J. P. *Machiavellian Democracy*, Cambridge University Press, 2011.
Ober, J. *The Athenian Revolution: Essays on Ancient Greek Democracy and Political Theory*, Princeton University Press, 1996.
Ober, J. *Demopolis: Democracy before Liberalism in Theory and Practice*, Cambridge University Press, 2017.
Pettit, P. "Two Republican Traditions," in *Republican Democracy: Liberty, Law and Politics*, ed. by Niederberger, A. and Schink, P., Edinburgh University Press, 2013.
https://www.oecd.org/gov/trust-in-government.htm

第四章

ハンス・ケルゼン『民主主義の本質と価値』長尾龍一、植田俊太郎訳、岩波文庫、二〇一五年。

エマニュエル・シィエス『第三身分とは何か』稲本洋之助、伊藤洋一、川出良枝、松本英実訳、岩波文庫、二〇一一年。

カール・シュミット『現代議会主義の精神史的状況』樋口陽一訳、岩波文庫、二〇一五年。

ロバート・A・ダール『デモクラシーとは何か』中村孝文訳、岩波書店、二〇〇一年。

ハンナ・F・ピトキン『代表の概念』早川誠訳、名古屋大学出版会、二〇一七年。

待鳥聡史『代議制民主主義――「民意」と「政治家」を問い直す』中公新書、二〇一五年。

待鳥聡史『民主主義にとって政党とは何か――対立軸なき時代を考える』ミネルヴァ書房、二〇一八年。

ジェイムズ・マディソン「第一〇篇　派閥の弊害と連邦制による匡正」『ザ・フェデラリスト』斎藤眞、中野勝郎訳、岩波文庫、一九九九年。

ジョン・ステュアート・ミル『代議制統治論』水田洋訳、岩波文庫、一九九七年。

チャールズ・ライト・ミルズ『パワー・エリート』鵜飼信成、綿貫譲治訳、ちくま学芸文庫、二〇二〇年。

シーモア・M・リプセット、シュタイン・ロッカン「クリヴィジ構造、政党制、有権者の連携関係」『政治社会学　第3版』加藤秀治郎、岩渕美克編、白鳥浩、加藤秀治郎訳、一藝社、二〇〇七年。

ジャン＝ジャック・ルソー『社会契約論』桑原武夫、前川貞次郎ほか訳、岩波文庫、一九五四年。

ピエール・ロザンヴァロン『良き統治――大統領制化する民主主義』古城毅、赤羽悠、安藤裕介ほか訳、みすず書房、二〇二〇年。

ジョン・ロック『市民政府論』鵜飼信成訳、岩波文庫、一九六八年。

Achen, C. H., Bartels, L. M. *Democracy for Realists: Why Elections Do Not Produce Responsive Government*, Pinceton University Press, 2016.

Baker, K. M. *Inventing the French Revolution: Essays on French Political Culture in the Eighteenth Century*, Cambridge University Press, 1990.

Green, J. E. *The Eyes of the People: Democracy in an Age of Spectatorship*, Oxford University Press, 2009.

Landemore, H. *Open Democracy: Reinventing Popular Rule for the Twenty-First Century*, Princeton University Press, 2020.
Manin, B. *The Principles of Representative Government*, Cambridge University Press, 1997.
Pasquino, P. *Sieyès et l'invention de la Constitution en France*, Odile Jacob, 1998.
Phillips, A. *The Politics of Presence*, Oxford University Press, 1998.
Rosanvallon, P. *Democratic Legitimacy: Impartiality, Reflexivity, Proximity*, trans. by Arthur Goldhammer, Princeton University Press, 2011.
Saward, M. *The Representative Claim*, Oxford University Press, 2010.
Urbinati, N. *Representative Democracy: Principles and Genealogy*, University of Chicago Press, 2008.
Vieira, M. B., Runciman, D. *Representation*, Polity, 2008.
Wagner, P. *A Sociology of Modernity: Liberty and Discipline*, Routledge, 1993.

第五章

飯尾潤『日本の統治構造——官僚内閣制から議院内閣制へ』中公新書、二〇〇七年。

井手英策『経済の時代の終焉』岩波書店、二〇一五年。

ロナルド・イングルハート『静かなる革命——政治意識と行動様式の変化』三宅一郎、金丸輝男、富沢克訳、東洋経済新報社、一九七八年。

ロベール・カステル『社会喪失の時代——プレカリテの社会学』北垣徹訳、明石書店、二〇一五年。

コリン・クラウチ『ポスト・デモクラシー――格差拡大の政策を生む政治構造』山口二郎監修、近藤隆文訳、青灯社、二〇〇七年。

アレクシ・ド・トクヴィル『フランス二月革命の日々――トクヴィル回想録』喜安朗訳、岩波文庫、一九八八年。

中北浩爾『現代日本の政党デモクラシー』岩波新書、二〇一二年。

中北浩爾『自民党――「一強」の実像』中公新書、二〇一七年。

ジグムント・バウマン『個人化社会』澤井敦、菅野博史、鈴木智之訳、青弓社、二〇〇八年。

ジグムント・バウマン『コミュニティ――安全と自由の戦場』奥井智之訳、筑摩書房、二〇〇八年。

サミュエル・P・ハンチントン、ミシェル・クロジエ、綿貫譲治『民主主義の統治能力（ガバナビリティ）――その危機の検討』日米欧委員会編、綿貫譲治監訳、サイマル出版会、一九七六年。

ミシェル・フーコー『監獄の誕生――監視と処罰』田村俶訳、新潮社、一九七七年。

藤井達夫『〈平成〉の正体――なぜこの社会は機能不全に陥ったのか』イースト新書、二〇一八年。

ナンシー・フレイザー「規律訓練からフレキシビリゼーションへ？――グローバリゼーションの影のもとでフーコーを再読すること」『正義の秤《スケール》――グローバル化する世界で政治空間を再想像すること』向山恭一訳、法政大学出版局、二〇一三年。

ウルリッヒ・ベック、アンソニー・ギデンズ、スコット・ラッシュ『再帰的近代化――近現代の社会秩序における政治、伝統、美的原理』松尾精文、小幡正敏、叶堂隆三訳、而立書房、一九九七年。

カール・ポラニー『［新訳］大転換――市場社会の形成と崩壊』野口建彦、栖原学訳、東洋経済新報社、二〇〇九年。

カール・ポランニー『経済の文明史』玉野井芳郎、平野健一郎編訳、ちくま学芸文庫、二〇〇三年。

待鳥聡史『代議制民主主義――「民意」と「政治家」を問い直す』中公新書、二〇一五年。

待鳥聡史『民主主義にとって政党とは何か――対立軸なき時代を考える』ミネルヴァ書房、二〇一八年。

カール・マルクス『ルイ・ボナパルトのブリュメール18日 初版』植村邦彦訳、平凡社ライブラリー、二〇〇八年。

水島治郎『ポピュリズムとは何か――民主主義の敵か、改革の希望か』中公新書、二〇一六年。

ヤン＝ヴェルナー・ミュラー『ポピュリズムとは何か』板橋拓己訳、岩波書店、二〇一七年。

エルネスト・ラクラウ『ポピュリズムの理性』澤里岳史、河村一郎訳、明石書店、二〇一八年。

シーモア・M・リプセット、シュタイン・ロッカン「クリヴィジ構造、政党制、有権者の連携関係」『政治社会学　第3版』加藤秀治郎、岩渕美克編、白鳥浩、加藤秀治郎訳、一藝社、二〇〇七年。

ピエール・ロザンヴァロン『カウンター・デモクラシー――不信の時代の政治』嶋崎正樹訳、岩波書店、二〇一七年。

ピエール・ロザンヴァロン『良き統治――大統領制化する民主主義』古城毅、赤羽悠、安藤裕介ほか訳、みすず書房、二〇二〇年。

Canovan, M. *The People*, Polity, 2005.

della Porta, D. *How Social Movements Can Save Democracy: Democratic Innovations from Below*, Polity, 2020.

Fraser, N. "Feminist Politics in the Age of Recognition: A Two-Dimensional Approach to Gender Justice," in *Fortunes of Feminism*, Verso, 2013.
Goodwyn, L. *The Populist Moment: A Short History of the Agrarian Revolt in America*, Oxford University Press, 1978.
Skocpol, T., Williamson, V. *The Tea Party and the Remaking of Republican Conservatism*, Oxford University Press, 2012.
Taggart, P. *Populism*, Open University Press, 2000.
Tormey, S. *The End of Representative Politics*, Polity, 2015.
Wagner, P. *A Sociology of Modernity: Liberty and Discipline*, Routledge, 1993.

第六章

ガブリエル・A・アーモンド、シドニー・ヴァーバ『現代市民の政治文化――五ヵ国における政治的態度と民主主義』石川一雄、片岡寛光、木村修三、深谷満雄ほか訳、勁草書房、一九七四年。

ダーヴィット・ヴァン・レイブルック『選挙制を疑う』岡﨑晴輝、ディミトリ・ヴァンオーヴェルベーク訳、法政大学出版局、二〇一九年。

マックス・ヴェーバー「新秩序ドイツの議会と政府――官僚と政党への政治的批判」『政治論集2』中村貞二、山田高生、脇圭平、嘉目克彦訳、みすず書房、一九八二年。

ジョン・ギャスティル、ピーター・レヴィーン『熟議民主主義ハンドブック』津富宏、井上弘貴、木村正人監訳、現代人文社、二〇一三年。

デヴィッド・グレーバー『民主主義の非西洋起源について――「あいだ」の空間の民主主義』片岡大右訳、以文社、二〇二〇年。

ハンス・ケルゼン『民主主義の本質と価値』長尾龍一、植田俊太郎訳、岩波文庫、二〇一五年。

篠原一『市民の政治学――討議デモクラシーとは何か』岩波新書、二〇〇四年。

イアン・シャピロ『民主主義理論の現在』中道寿一訳、慶應義塾大学出版会、二〇一〇年。

ヨーゼフ・A・シュムペーター『新装版　資本主義・社会主義・民主主義』中山伊知郎、東畑精一訳、東洋経済新報社、一九九五年。

ジェリー・ストーカー『政治をあきらめない理由――民主主義で世の中を変えるいくつかの方法』山口二郎訳、岩波書店、二〇一三年。

ジェイムズ・S・フィシュキン『人々の声が響き合うとき――熟議空間と民主主義』曽根泰教監修、岩木貴子訳、早川書房、二〇一一年。

キャロル・ペイトマン『参加と民主主義理論』寄本勝美訳、早稲田大学出版部、一九七七年。

ジョン・ステュアート・ミル『代議制統治論』水田洋訳、岩波文庫、一九九七年。

ピエール・ロザンヴァロン『カウンター・デモクラシー――不信の時代の政治』嶋崎正樹訳、岩波書店、二〇一七年。

ピエール・ロザンヴァロン『良き統治――大統領制化する民主主義』古城毅、赤羽悠、安藤裕介ほか訳、みすず書房、二〇二〇年。

Baiocchi, G. "Participation, Activism, and Politics: The Porto Alegre Experiment," in *Deepening Democracy: Institutional Innovations in Empowered Participatory Governance*, eds., Fung, A., Wright, E. O., Verso, 2003.

Baiocchi, G. *Militants and Citizens: The Politics of Participatory Democracy in Porto Alegre*, Stanford University Press, 2005.

della Porta, D. *How Social Movements Can Save Democracy: Democratic Innovations from Below*, Polity, 2020.

Fishkin, J. S. *The Voice of the People: Public Opinion and Democracy*, Yale University Press, 1997.

Fishkin, J. S. *Democracy When the People Are Thinking: Revitalizing Our Politics Through Public Deliberation*, Oxford University Press, 2018.

Fung, A., Wright, E. O. "Thinking about Empowered Participatory Governance," in *Deepening Democracy: Institutional Innovations in Empowered Participatory Governance*, eds., Fung, A., Wright, E. O., Verso, 2003.

Gastil, J., Wright, E. O. *Legislature by Lot: Transformative Designs for Deliberative Governance*, Verso, 2019.

Goodin, R. E. *Innovating Democracy: Democratic Theory and Practice after the Deliberative Turn*, Oxford University Press, 2008.

Landemore, H. *Open Democracy: Reinventing Popular Rule for the Twenty-First Century*, Princeton

University Press, 2020.
Posner, R. A. *Law, Pragmatism, and Democracy*, Harvard University Press, 2003.
Smith, G. *Democratic Innovations: Designing Institutions for Citizen Participation*, Cambridge University Press, 2009.
Young, I. M. *Inclusion and Democracy*, Oxford University Press, 2000.
http://www.constitutionalconvention.ie/AttachmentDownload.ashx?mid=55f2ba29-aab8-e311-a7ce-005056a32ee4

藤井達夫（ふじい たつお）

一九七三年岐阜県生まれ。早稲田大学大学院政治学研究科政治学専攻博士後期課程退学（単位取得）。現在、早稲田大学大学院政治学研究科ほかで非常勤講師。近年の研究の関心は、現代民主主義理論。単著に『〈平成〉の正体――なぜこの社会は機能不全に陥ったのか』（イースト新書）、共著に『公共性の政治理論』（ナカニシヤ出版）、『日本が壊れる前に――「貧困」の現場から見えるネオリベの構造』（亜紀書房）など。

代《だい》表《ひょう》制《せい》民《みん》主《しゅ》主《しゅ》義《ぎ》はなぜ失《しっ》敗《ぱい》したのか

集英社新書一〇九四A

二〇二一年一一月二二日　第一刷発行

著者……藤《ふじ》井《い》達《たつ》夫《お》

発行者……樋口尚也

発行所……株式会社集英社

東京都千代田区一ツ橋二-五-一〇　郵便番号一〇一-八〇五〇

電話　〇三-三二三〇-六三九一（編集部）

〇三-三二三〇-六〇八〇（読者係）

〇三-三二三〇-六三九三（販売部）書店専用

装幀……原　研哉

印刷所……大日本印刷株式会社　凸版印刷株式会社

製本所……加藤製本株式会社

定価はカバーに表示してあります。

ISBN 978-4-08-721194-8 C0231

改憲的護憲論　松竹伸幸
決断のとき――トモダチ作戦と涙の基金　小泉純一郎　取材・構成 常井健一
公文書問題　日本の「闇」の核心　瀬畑 源
大統領を裁く国 アメリカ　矢部 武
国体論　菊と星条旗　白井 聡
広告が憲法を殺す日　本間 龍　南部義典
よみがえる戦時体制　治安体制の歴史と現在　荻野富士夫
権力と新聞の大問題　望月衣塑子　マーティン・ファクラー
「改憲」の論点　木村草太　青井未帆 ほか
保守と大東亜戦争　中島岳志
富山は日本のスウェーデン　井手英策
スノーデン　監視大国 日本を語る　エドワード・スノーデン　国谷裕子 ほか
「働き方改革」の嘘　久原 穏
国権と民権　佐高 信　早野 透
限界の現代史　内藤正典
除染と国家　21世紀最悪の公共事業　日野行介
安倍政治　100のファクトチェック　南 彰　望月衣塑子

「通貨」の正体　浜 矩子
隠された奴隷制　植村邦彦
未来への大分岐　マルクス・ガブリエル　マイケル・ハート　ポール・メイソン　斎藤幸平・編
「国連式」世界で戦う仕事術　滝澤三郎
国家と記録　政府はなぜ公文書を隠すのか？　瀬畑 源
水道、再び公営化！　欧州・水の闘いから日本が学ぶこと　岸本聡子
改訂版　著作権とは何か　文化と創造のゆくえ　福井健策
朝鮮半島と日本の未来　姜 尚中
人新世の「資本論」　斎藤幸平
国対委員長　辻元清美
アフリカ　人類の未来を握る大陸　別府正一郎
〈全条項分析〉日米地位協定の真実　松竹伸幸
日本再生のための「プランB」　兪 炳匡
新世界秩序と日本の未来　内田 樹　姜 尚中
世界大麻経済戦争　矢部 武
中国共産党帝国とウイグル　橋爪大三郎　中田 考
ジャーナリズムの役割は空気を壊すこと　森 達也　望月衣塑子

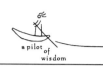

世界大麻経済戦争
矢部 武　1081-A
「合法大麻」の世界的ビジネス展開「グリーンラッシュ」に乗り遅れた日本はどうすべきかを検証。

マジョリティ男性にとってまっとうさとは何か #MeTooに加われない男たち
杉田俊介　1082-B
性差による不平等の顕在化と、男性はどう向き合うべきか。新たな可能性を提示する。

書物と貨幣の五千年史
永田 希　1083-B
人間の行動が不可視化された現代を生きるすべを書物や貨幣、思想、文学を読み解くことで考える。

中国共産党帝国とウイグル
橋爪大三郎／中田 考　1084-A
中国共産党はなぜ異民族弾圧や監視を徹底し、台湾・香港支配を目指すのか。異形の帝国の本質を解析する。

ポストコロナの生命哲学
福岡伸一／伊藤亜紗／藤原辰史　1085-C
ロゴス（論理）中心のシステムが破綻した社会で、私たちの生きる拠り所となりうる「生命哲学」を問う。

ルポ 森のようちえん SDGs時代の子育てスタイル
おおたとしまさ　1086-N〈ノンフィクション〉
自然の中で子どもたちを育てる通称「森のようちえん」。あらゆる能力を伸ばす、その教育の秘密を探る。

安倍晋三と菅直人 非常事態のリーダーシップ
尾中香尚里　1087-A
国難に対して安倍晋三と菅直人はどう対処したのか。比較・記録を通して、あるべきリーダーシップを検証。

宇宙はなぜ物質でできているのか 素粒子の謎とKEKの挑戦
小林 誠 編著　1088-G
KEK（高エネルギー加速器研究機構）を支えた研究者が、驚きに満ちた実験の最前線と未解決の謎を解説。

EPICソニーとその時代
スージー鈴木　1089-F
八〇年代の音楽シーンを席捲した「EPICソニー」の名曲を分析する。佐野元春ロングインタビュー収録。

ジャーナリズムの役割は空気を壊すこと
森 達也／望月衣塑子　1090-A
安倍・菅時代のメディア状況を総括し、「空気」の壊し方やジャーナリズムの復活の方途を語りあう。